いじめの深層を科学する

清永賢二 著

ミネルヴァ書房

はじめに

また同じことが繰り返されている。絶望的な既視感。子どもたちの笑顔に隠された涙、怒り、硬直する体、引きずる重い足。同じ光景を時代や地域を違え幾度目にしたことか。

著者が事件として初めて「いじめ」という言葉に接したのは、１９７３（昭和48）年に滋賀県で生じた「中学生首切り殺人事件」だった。当時警察庁科学警察研究所に在籍していた著者は「加害者はただ泣くだけで動機が分からない」という捜査担当者の困惑に立ち会った。その時誰もが「なぜか」の明確な答えを出せなかった。７年経過した１９８０年。当時の上司が「（あの事件は）いじめられた仕返しじゃないか？」と軽く言った。その言葉に「納得」と思った。それがいじめとの出会いであった。

その後１９８４年には大阪市立大学森田洋司助教授（当時）を代表に若い大学院生諸君と文部省科研費研究を行い、最終的に『いじめ～教室の病～』（１９８６年）を著した。この本を出版したことを契機に著者の「いじめ研究」に拍車が駆かった。

ただここで書いておかねばならない。『いじめ～教室の病～』出版の４年前、故愛知県立大学教授山口透先生から教育社会学会の年次大会場で「きっとこれから間違いなくいじめが大問題になる。非行よりいじめだ」と真顔のお話を耳にした。その時先生がなぜそのような話しをなされたか。若かった上に生来浅学非才な著者には馬の耳に念仏であった。しかし先生の予言が的中したことはその後の厳しい様相が示している。

著者はいじめと非行の関わりだけでなく、大地震と子ども被害、外国人問題、都市空間と犯罪・非行など手当たり次第に多方面な勉強をした。１９９７年、放送大学で「非行少年の世界〜世界のいじめ〜」のビデオ教材を作った。そこでは世界的視野からいじめ問題を取りあげ追究した。

ただ著者を取り巻く研究環境は１９８０年代の終わり頃から急激に変わった。いじめ問題には依然として厳しいものがあったが、科学警察研究所をスタート地点とする本業の取り組みが厳しく迫ってきた。いじめ問題から犯罪―非行防止問題へと研究の重点をシフトせざるをえなくなった。

１９９８年、東京大学教授藤田英典教授（当時）に薦められた岩波現代教育学シリーズにいじめで小論を著した。この小論をもって20年近くに及ぶ著者の「いじめ」研究は心の中で閉じた。忙しさにかまけていじめ問題から逃げた、と責められても仕方ない。

ともかく藤田教授から薦められ書いた小論は、著者の「いじめ学」の一つの到達点ではないかと考えている。ここに著された小著の底流にも１９９８年の小論がある。

再度いじめを整理し著そうと思う。もっといえば著さねばならないのではないか、という義務の感情がある。その背後には、２０１１年以降のいじめ騒動に何かなじめぬ思い、過去積み上げてきた

「いじめ学」の論理からどんどんと外れ、いじめ克服さらには真実のいじめ追究はずれて行っているのではないか、という脅迫的思いがある。
少なくとも高度経済成長期以後のいじめ問題に少しの関わりを持った者が著さねばならない、子どもたちへの責務だと思うのだ。

こうした今日の状況に対しいじめ問題に早くから関わった著者。どういおうと責任はある。今いじめ問題に苦しむ子どもたちに深く頭を下げ謝罪せねばならない。

『いじめの深層を科学する』。このタイトルの裏側に「いじめはなぜ起こらないか」の言葉が隠されている。この裏のタイトルを掲げようという背後には全ての人は善い人だという立場（性善説）からの浅く青く古くさい「子ども観」、さらには「人間観」に対する否定意識がある。さらにいえばこの「浅く古くさい人間観」こそがいじめへの根源的対応を間違えさせたのだという怒りがある。その間違いは今日ますます勢いをつけている。
どのような社会そしてどのような指導がなされようといじめは出てくる。今以上の強力な指導（浅い人間観に基づく心の操作）は、子どもたちにさらに強い緊張を与え、同時に何ごとにも依存的な態度を形成するのではと思われる。それは子どもの世界の均衡を壊し、形を変えた子ども問題を生じさせるに違いない。

著者自身を含めこれまでいじめに関わって来た学者・研究者や行政官そして子どもたちを指導してきた先生方に対する「いじめ問題に対し今まで何を学び実践してきたのだ」という疑問。いつの時も言われた「絶対いじめは起こさない」、しかし起こり続けているという事実。こうした疑問と事実を踏まえた変わらない状況への怒り。いじめで死んでいった子どもたち、今も死を望んでいる子どもたち。

こうしたことへ関係者責任をとれという思い。誰もとらない。著者もとっていない。

この小著を著すことで、著者は自分に科せられた責任を取りたい。著者の考えが正道から外れ明らかに間違っている、と思うなら遠慮なく伝えて貰いたい。その時著者は、著者がなお間違っていないと思うなら反論しよう。そうした議論のやり取りが生まれてこそいじめの解消が現実味を持つと思うのだ。もしそうした話しが交わされた結果、著者が間違っていたと実感できるなら、著者はいじめに関して二度ともの申すことはない。ただし著者に間違いを認めさせた方は、それを実行する責任が負う。単なる言葉遊びでいじめをいじくるのは許されない。いじめは玩《もてあそ》んではならない。いじめの解消は、いじめられっ子への同情だけから可能となるものではない。

ここで幾つか断っておきたい。

本著で「いじめ」と著したときは全て「子どものいじめ」である。

「子ども」とは満20歳未満者であり、とりわけ小学校、中学校に通う子どもたちを中心とする。その場合、小学校の子どもの場合は「子ども」、中学生は「子ども」という表現よりも「少年」と表現する。また子どもあるいは少年と混ぜて表現する場合もある。そこは自由にさせてもらいたい。

「子どものいじめ」とは、被害者が子どもである場合をいう。加害者が必ずしも子どもでない、大人の場合でも「子どものいじめ」として扱う。同様に子どもの加害対象者が大人である場合も「子どものいじめ」とする。

いじめの起こる場所は、教室や学校を中心とはするが、必ずしもそうした空間にこだわらない。他校の生徒と瞬間的に地域内ですれ違ってなされるいじめなどもあり得る。

非行と表現する場合は、主として少年法で定められた行為をいう。いわゆる犯罪は少年法の中で定められている行為であり、そうした表現が必要とされる場面を除いて、あえて犯罪といわず非行で通す。またこれに警察で補導をする際の対象行為である不良行為を含めて非行と表現する場合もある。

行為と行動は、社会学などでは意識的に行われた行動を行為と称するが、本書では以後「行動」と表現する。

最後にいじめを必ずしも一方的に「絶対悪い」と断罪しない。非常に悪いことは確かである。しかし子どもたちが生きている現実の人間世界を直視し、それを乗り越えたくましい大人、言葉や肌の色の違いそして経済や文化・文明の格差に未だ満ちている世界を、みんな同じ地球人として飛び回れる人間として大きく育って貰いたい、そのためいじめを通した深い人間理解論を進めたいという思い視点から「いじめ」をとらえる。

薄っぺらで世の中迎合的ないじめ否定の本でなく、本物の人間理解の本として、この小著ではいじめをとらえたい。

２０１３年2月吉日

清永賢二

目次

第1章　言葉「いじめ」の定義を考える

ファイト！　闘う君の唄を
闘わない奴等が笑うだろう
ファイト！　冷たい水の中を
ふるえながらのぼってゆけ

中島みゆき　作詞作曲「ファイト！」より

人間という動物の根底にある獣性と欲動はいじめ心を生み、いじめ心は防御壁をすり抜けいじめとなって噴出する。いじめはどこでもいつでも誰にでも起こる。

現在のいじめ（このいじめを「現代いじめ」と呼ぼう）はどのように定義づけられるのか。定義なしにいじめなし。

1 なぜ定義か

いじめは、これがいじめだという実態のないタマネギである。あえていえば言葉「いじめ」の使用者によってはどのようにもとらえられ使われ語ることのできる「いじめ心」である。同じいじめという言葉を使っても使う者の「心」のイメージによって、語られる内容は随分と異なったいじめになる。

１００人のいじめを語る者がいれば１００の「いじめ心」がある。

いじめは実態を持たない。いじめを語る際には、イメージするいじめ心を「自分はどうとらえ具体性を持たせたか」を提示しなければならない。

自分はこうだという定義なしのいじめ論は、いじめを面白く語ろうという「ノリの語り」でしかない。なぜ「ノリの語り」でしか語れないのか。答えは簡単である。定義できないほど定義することが難しいからだ。そのような難しいことに時間をかけるよりも応用問題としての現実状況を解析した方がはるかに面白い。どのような切り口でも一貫性のない現代ギリシャ悲劇物語として語れる。

最近入手した既刊本23冊中の内4冊でしか独自な定義をしていない。残り19冊は文部科学省の年次ごとに出される「児童生徒の問題行動調査」の定義に従っている。その結果、少しの新しさが加わっただけで結論は19冊全て似通う。いじめ問題の中核を打ち抜いていない「ノリの語り本」にすぎない。

2　揺らぎ続けたいじめモノサシ

明確かつ公的に「子どものいじめ」という言葉を定義したのは、1986年に森田洋司を代表とする文部省科研費報告書である[1]。以後この定義をその研究に参画した森田と清永の名を取り「森田・清永定義」と呼ぼう。この定義以後多くのいじめ定義が表された。

この森田・清永定義と並んで最も多く引用されている文部科学省の2定義を取りあげ定義検討を進めよう。

これら定義には共通点が多い。同時に、しかし微妙な点で重大な違いが生じている。また定義自身に再検討を加える必用があると思われる箇所がある。その違いと要検討の箇所が現代いじめ問題を揺らし続けている。特に文部科学省の揺らぎは大きかった。

1986年森田・清永のモノサシ

森田と清永は、1985年の報告書発表で終わる文部省科研費研究を基に『いじめ〜教室の病〜』を著した[2]。

その報告書で述べられたいじめの定義（モノサシ）は、次のようにいじめを定めていた。

> 同一集団内の相互作用過程において優位に立つ一方が、意識的に、あるいは集合的に、他方にたいして精神的・肉体的苦痛を与えることである。

森田・清永定義の鍵は、①「同一集団内」、②「相互作用」、③「優位に立つ者」、④「意識的、集合的」、⑤「他方に立つ者」、⑥「精神的・肉体的苦痛」の6つであった。

この①〜⑥の鍵言葉から成るモノサシは、いじめとはどういう「集団間」のどういう「心」に支えられたどういう「行動」であるかの輪郭を、従来のような「苛立ち」などという表現から一歩具体性を持って表現した。

しかし同時にこの鍵言葉集＝定義には、後に述べるように、ある重要な鍵言葉が1つ欠落していた。またこの定義は、人間の獣性と欲動が根底にあるいじめ（後掲第3章参照）をもっと広い視野でとらえておかねばならなかったのに、ともかく初めての「いじめ定義」のこともあり、狭く限定しすぎた定義であった。その後起こった膨大ないじめ事件例は、①から⑥のような鍵言葉でとらえることのできないいじめが実際には非常に多いことを示している。

こうした鍵の欠落と限界に思い至らぬまま世の中に出し、それが後にいじめの取り組みに多大な影響をおよぼしたことを考えると、定義した者の1人として深く恥じる。

文部科学省のモノサシ

文部省、現在の文部科学省は、この定義を中心に置きながら、１９９４年の「児童生徒の問題行動調査」から「いじめ」を新たな調査項目として取り入れ、その定義の基本を生かしつつ現在にいたっている。

①　１９９４年の定義

当時の文部省は、いじめの定義を以下のように定めた。

①自分より弱いものに対して一方的に
②身体的・心理的な攻撃を継続的に加え
③相手が深刻な苦痛を感じているもの
④なお、起こった場所は学校の内外を問わないとする。

この定義には、森田・清永定義①～⑥の定義中から①「同一集団内」に限定した問題が改良され、新たに「継続性」が加わった。その他は森田・清永の定義とほぼ同様な意味内容の鍵言葉で構成されていた。現実のいじめが、学級内だけで起こっていないことを考えると①が落ちたことは当然といえる。新たに加えられた「継続性」も実際のいじめ現象からみれば現実性を持たない。継続的ないじめもそうでないいじめも存在する。現実のいじめとはそういうものだ。

ここで深い反省の心を込めていうと、森田・清永の定義を下敷きにした文部省定義には、先に述べたいじめの底にある獣心と欲動という視点を欠いた子ども観、そしてそこから生じるいじめ定義の浅さがあることはいなめない。この定義の浅さが後の文部省（文科省）いじめ定義の揺らぎに大きな影響を与えたことは間違いない。

②　２００６年の定義

２００６年、文部科学省（以下、文科省）定義に大きな揺らぎが生じた。１９９４年度から続く文部省のいじめ定義が２００６年大きく変更された。いじめをとらえる視線そのものを取り替えたのである。一挙にいじめ定義のモデルチェンジがなされた。

「児童生徒の問題行動調査」から「継続的」「深刻」といった鍵言葉が削られ、新たに次のように定義された。

当該児童生徒が、一定の人間関係のある者から、心理的、物理的な攻撃を受けたことにより、精神的な苦痛を感じているもの。なお、起こった場所は学校の内外を問わない。

そしてこの新定義の条文の前に次のような前書きがなされている。

　個々の行為が「いじめ」に当たるか否かの判断は、表面的・形式的に行うことなく、いじめられた児童生徒の立場に立って行うものとする。

定義の最後には、「注」として次の文言が加えられている。

（注1）「いじめられた児童生徒の立場に立って」とは、いじめられたとする児童生徒の気持ちを重視することである。

（注2）「一定の人間関係のある者」とは、学校の内外を問わず、例えば、同じ学校・学級や部活動の者、当該児童生徒が関わっている仲間や集団（グループ）など、当該児童生徒と何らかの人間関係のある者を指す。

（注3）「攻撃」とは、「仲間はずれ」や「集団による無視」など直接的にかかわるものではないが、心理的な圧迫などで相手に苦痛を与えるものも含む。

（注4）「物理的な攻撃」とは、身体的な攻撃のほか、金品をたかられたり、隠されたりすることなどを意味する。

（注5）けんか等を除く。

文科省いじめ新定義では「当該児童生徒」の「子どもの立場に立った」、すなわち被害者であるいじめられっ子の「精神的な苦痛」をいじめとする。つまりいじめられっ子の気持ち重視、いじめられっ子が「いじめられた」と言えば「いじめ発生1件」となるに変わったのである。劇的ないじめモデルチェンジである。

このいじめ定義のモデルチェンジを促した背後には、推測ではあるが、①１９９４年度定義に基づき学校から上がってくるいじめが量的にも質的にも拡大し整理のしようがなくなった、②その量質の拡大を背景にともかく「いじめられた」という子どもの被害状況をどうやって一刻も早く救済しようかという思いがあった、③いじめ被害者の自殺が社会問題化した等ではないかと考えられる。

この定義の変更は、確かにその時の混乱を整理したかもしれないが、同時に後に述べるような新たな混乱を生みだすこととなった。その混乱は現在も続いている。

③　２０１２年緊急調査の定義

文科省は、２０１１年に生じた「大津いじめ自殺事件」を繰り返さないために、緊急調査を実施した。

児童生徒への説明と調査は次のような順序で成された。

①いじめ内容を説明するため学校に記入用紙を配付。原本は、文科省で作成。②児童生徒には学級で「いじめ」の説明文が読み上げられ、それに従って児童生徒が各個にいじめられ体験を記入した。③それを学校、教育委員会ごとにまとめ、最終的に文科省において集計された。

児童生徒へ学級担任の先生から口答でなされた「いじめ」の説明文（定義）は次のようであった。[3]

―いじめの実態把握のための緊急調査の質問例について―

○あなたは、悪口を言われたり、暴力を振るわれたりしたことがありますか。
・それは、だれから、いつ、どのような内容ですか。
○あなたは、プロレスごっこなどを無理やりやらされ、いやな思いをしたことがありますか。
・それは、だれから、いつ、どのような内容ですか。
○あなたは、メールや掲示板に悪口や個人情報を書かれ、いやな思いをしたことがありますか。
・それは、だれから、いつ、どのような内容ですか。
○あなたは、自分の持ち物を勝手に使われたり、かくされたりしたことがありますか。
・それは、だれから、いつ、どのような内容ですか。
○あなたは、無視されたり、仲間はずれにされたりしたことがありますか。
・それは、だれから、いつ、どのような内容ですか。
○あなたは、いじめられている人を知っていますか。
・それは、だれがいじめられているのですか。また、だれから、いつ、どのような内容ですか。

基本的には、子どもが「いじめだ」と思ったことを「いじめ」としてとらえようとする点では２００６年の新定義に従った調査である。同時に調査内容に注目すべき点があった。それは、いじめを不十分ではあるが「深さ」でとらえようとしたことである。具体的には、同じいじめでもその程度に応じ、①自殺をほのめかしている、②暴行が酷い、③犯罪行為にあたる、の3ケースを抽出し集計していることである。調査に2011年に起こった「大津いじめ自殺事件」が意識されている。

森田・清永定義と文部科学省定義の問題

〈森田・清永定義の問題〉

一番最初の1996年森田・清永定義では、「いじめ」という言葉を分解し、いかに具体的に表現するかに努力が傾注された。その結果は先に見たように6つの鍵言葉集として表現された。

しかしこの6つの鍵言葉には、今にして思えば基本的なもう一つの鍵が抜け落ちていた。落とした鍵はすでに述べたように「心」である。いじめは、その底に「いじめ心」があっていじめとなる。そのいじめ心とはどういう心かを探り、それを具体的に定義し示さねばならなかった。その作業が森田・清永定義ではすっぽり抜け落ちていたのである。

〈いじめ心〉

どのような心であっても「心」であればよいというものではない。精神的肉体的苦痛をもたらす心とは、具体的にどういう種類の「心」がそれを生みだすのかを追い求めねばならなかった。

精神的肉体的苦痛はいじめという心だけがもたらすものではない。たとえば「拷問」がある。人間は獣である。戦争状態下にあっては、必要な情報を得るため犯罪的振る舞いも許される。その拷問では、機械や器具、音や光に長時間曝しあるいは一定間隔で水滴を顔の1点に落とし続けるなどという心理的肉体的作業で心を追い詰める。拷問は、残酷で冷酷で無慈悲そしてサデステックな「圧」を心と体にかけ、結果として柔らかに心と体を破壊し、自白という目的を得ようと謀る。

いじめ心も拷問と同様に残酷・冷酷で無慈悲である。しかしいじめと拷問は大きく異なる。

いじめの加害者は、基本的な態度として、平凡で何気ない日常生活を被害者と共に過ごし、表面的にはにこやかな関係にあるような振りを装いつつ、被害者を「おとしめ辱め心に傷をつける」ため、できれば自分がやったと悟られないよう匿名化を図りつつ、あからさまな言動はもちろん密やかな言葉や身ぶり手振り視線といった様々な無言の非言語的《メタ》コミュニケーションを用い、「あなたは嫌いよ」「お前はださい」「あなたは臭い」「あなたの秘密を知っている」「向こうに行け」「だまれ」「死ね」などという暗黙のサインを出し、被害者を「心の圧」で押しつぶし打ち砕こうとする。

〈曖昧な悪意〉

いじめによるこうした「心の圧」を一言で言うなら非可視的な「曖昧《あいまい》な悪意（obscure maliciousness）」と表現してよい。拷問にも悪意がつきまとうが、その悪意は相手がどうなろうとかまわない斟酌なしの心と体への明白で可視的な「明確な悪意（clear maliciousness）」である。いじめの結果は拷問と同じであるかもしれないが、それが「曖昧な悪意」によるという点で大きな違いがある。この「曖昧」がつくことにより「いじめ結果への責任」がぼかされる。加害者は罪を逃れ心もさして傷ま

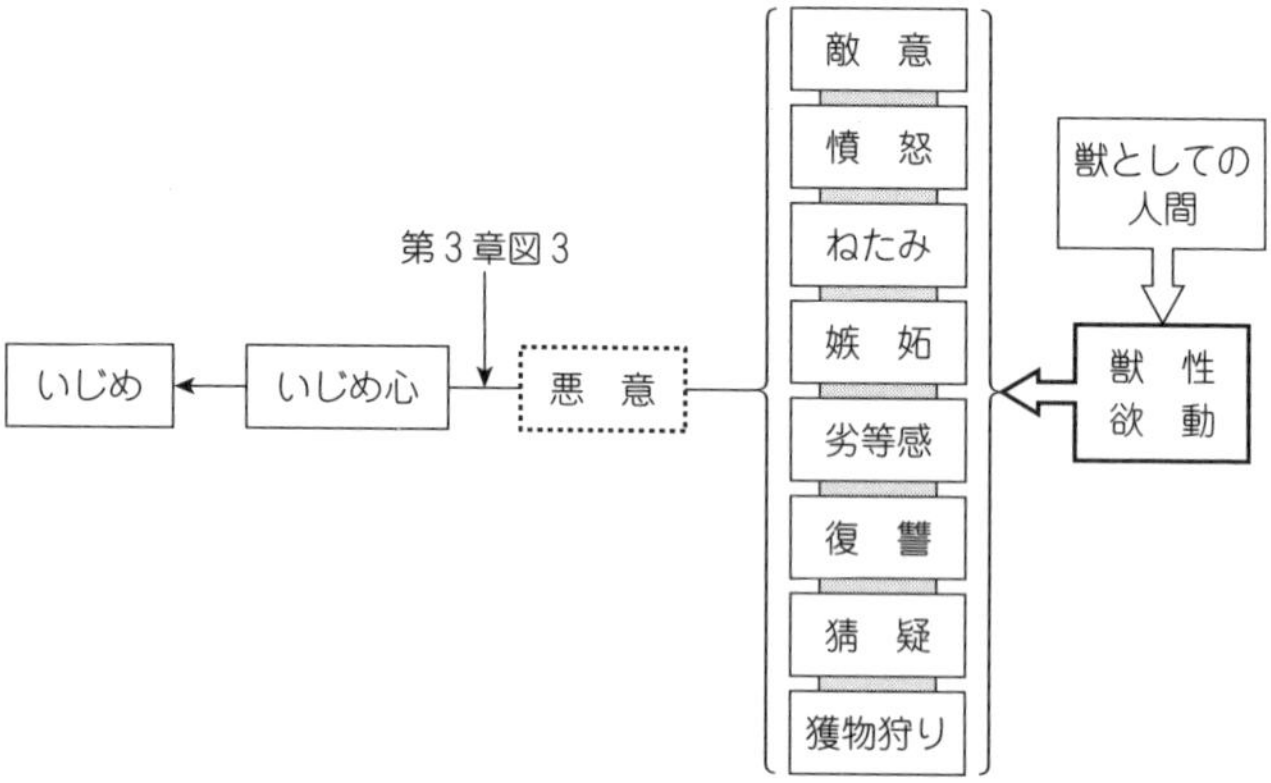

図１　獣としての人間から悪意を経ていじめへ

ないのである。言葉「いじめ」は、まさに行動の結果責任を問うことができない「曖昧効果作用」をもつ便利な言葉なのである。背景には、もちろん結果を曖昧にしたい意思がある。

森田・清永の定義からは、第3章で詳しく述べる「獣性と欲動」といじめ行動をつなぐこの「曖昧な悪意」（以下単純に「悪意」と呼ぶ）という「いじめ心」を表す鍵言葉が抜け落ちていた（図1）。

単に③「優位に立つ者」、④「意識的、集合的」、⑤「他方に立つ者」、⑥「精神的・肉体的苦痛」といった鍵言葉では、森田・清永の獣性と欲動に裏打ちされた密やかないじめ心を表現したことにはならなかったのである。⑥の精神的・肉体的苦痛では、拷問と同じでいじめによる結果が示されているに過ぎない。

いじめ問題に非行や登校拒否そして自殺などあらゆる子ども病理現象が無思慮に入り込み、状況を押さえようもなく、ぐしゃぐしゃに混乱させた原因はこの歪んだ

「曖昧な心」をとらえ示すことができなかったところにあった。森田・清永定義においていじめ問題の基本は⑦「悪意」にあると押さえれば、そこから先のいじめ対策はどうすればよいかが明確に見えてきていたのではないだろうか。

〈いじめの広がりと深さ〉

もう一つの問題は、いじめを考えるのに、いじめは何もかも同じという単線でとらえるのでなく、少なくとも広がりと深さの平面でとらえねばならないことを示唆、あるいは暗示しておく定義である必用があった。

いじめを病《やまい》として見る。病《やまい》には広がりと深さがある。数多く発症するから大変な病《やまい》かというとそうではない。その中で病《やまい》を癒しやすいか否かのもう一つのベクトルが用意されねばならない。病《やまい》の診断は、その広がり（多さ）と深さ（問題解決のしやすさ）をクロスして初めて正確な診断がなされ、それに基づいた療法が可能となる。いじめ病《やまい》も広がりと深さから診断し、様々ないじめを幾つかに分類する。その作業によって様々ないじめの中から「このいじめは子どもを死に追いやりかねない重篤な病《やまい》である」と診断識別でき、その症状に応じた有効な対応が可能となる。

たとえば今扱っている「いじめ」は他愛のない「遊び的悪ふざけ的行動」であり、友だち関係の一寸した「心の行き違い」であるかもしれない。そうしたいじめまで全て視野に入れ対応しようということは、実質不可能であり、子どもの心の全ては読めるという大人の傲慢さがうかがい見えると同時に子どもの人間関係を切断し、逆にいじめの外に新たなより酷い子ども病を生みだすことにつながってゆく可能性が高い。

こうしたことを考えるのに森田・清永定義では不足であり、そうした意味でいじめ定義としては基本的欠陥定義であったことは間違いない。今日のいじめを巡る混乱を生じさせた責任の一端は、いじめを最初に定義した著者らに間違いなくある。その責から逃れる積もりはない。しかし同時に多くのいじめ研究者や行政関係者らには、その後発生したいじめに何を学び、いじめの診断やその対応をどうしようと考えたのか、いたずらに時をすごした責任を共有して貰いたい。

２００６年文科省新定義の問題

２００６年度にだされた新定義によって、１９９４年に定められた旧定義が内蔵していた幾つかの問題が解決されたことは確かである。しかし同時に、新定義をもってしても、森田・清永の項で述べたような獣性と欲動そして「曖昧な悪意」という視点からのいじめ問題が未解決のまま残され、その上に新たな問題を積み上げただけであった。

〈定義非一貫性の問題〉

文科省の新定義では、いじめは心理的・物理的な攻撃を受けたことにより生じるとされる。その一方で、その攻撃の結果、精神的な苦痛を感じたものを「いじめ」と最終的に定めている。物理的な行動の中には体への苦痛・攻撃は含まないのか。それともいじめとは精神への苦痛だけを指していうのか。

いじめの範疇に「体」を入れるとするなら定義の流れからいうと当然体への攻撃による体の苦痛や痛みを入れねばならないであろう。様々な事件事例を思い起こしてもらいたい。これまで死んでいった少年のほとんどが心（精神）の痛み・苦痛に曝されたと同時に体の実質的傷みに曝されている。いじめ加害者がもたらした体の傷みは当然あるだろう。被害少年自身によるいじめの苦痛から逃れるための頭の毛むしり、カミソリによる自傷などもあるだろう。いじめの中の、先ほど述べた「深いいじめ」の場合、最初に体への苦痛、暴行や傷害、無理な体操、プロレスごっこなどがあって、その体へ延々と与えられる傷みから逃れられない心の苦痛が精神のいじめとなっている例もある。

また心＝精神の痛み傷みは直接、心＝精神に触れて対応することが重要であろうが。しかしそれと同時に痛んだ者の周辺環境、それによって及ぼされる体の不調の調整も非常に重要なはずである。なぜ精神に限定するのか。悪く考えれば心＝精神のみに限定することにより、問題解決へ多くの視線が入ることを避けようとしたのではないかと思われても仕方がないであろう。おそらくこの新定義を定めるに当たり特に心理学や精神医学の領域からの強い参加があったのではないか。

２００６年新定義は再考を要する。

〈公表数値の不連続生の問題〉

いじめの発生は、１９９４年度から２００５年度まで、１９９４年定義に従い、全国の小・中・高等学校・障害児学校が「いじめ事件の発生、それに関係する児童生徒数」を調査し、その把握し認知した数を文科省が統計化し（文部省から文部科学省に名称替え。以下「文科省」）、「〇〇年度いじめ認知数」として発表してきた。しかし２００６年度に新しいスタンス（被害者目線のいじめ把握）に切り替えられたことから、把握する数の性質が全く異なったものとなった。それによって過去に比べいじめは増えたか減ったかが全くいえなくなった。加えて２００６年度以降、いじめられっ子の心（いじめられ心情）の自己申告に基づいて集められた統計数値はいじめられっ子の気分の赴くままに説明しがたく揺れ動くこととなった[4]。

このようになることが事前に十分予想されながら、なぜ新定義を定め、とてつもない変更を進めたのか。旧定義を練り直すことですまなかったのか。改めて十分な説明が必用であろう。

〈いじめ認知数の把握正確性の問題〉

この問題は著者の不勉強のせいか分からないので後に訂正することもありうる。

調査の具体的方式・過程を先の２０１２年緊急調査から見ると、調査手続き②で児童生徒には学級で「いじめ」の説明文が読み上げられ、それに従って児童生徒が各個にいじめられ体験を記入した、とある。調査期間に関しては「今年半年の体験を聞く」とだけある。緊急調査だけでなく、年次調査でもおそらく「昨年1年の体験を聞く」ことがなされていると思われる。もしそうした場合、その「年」というのは春休みを挟んだ「年」なのか「年間」「年度」なのかで子どもの回答は非常に変わる可能性がある。

例えば6月時点の調査で「昨年（あるいは今年）1年の間の経験」といわれた場合、子どもは年で考えるのか年間で自分の体験を考えるのか、また6月以前で考えるのか、それとも純粋に1月1日以前の昨年1年で考えるのか。真面目な子どもほど迷いが生じるに違いない。場合によっては、1年以前の過去の全ての被害体験が含まれているかもしれない。

1年前の被害体験を覚えているほど強烈ないじめられ体験というのは極めて少ないはずだ。忘れられている体験件数を加えるとものすごい数が年間にあがってきても不思議でないはずだ。

〈いじめ数値把握歪みの問題〉

２００６年の新定義による「いじめ」の発生数は、いじめられた子どもの「いじめられ体験数」で表されることとなった。

このことによって本当は一番知らなければいけないいじめっ子の発生数」が把握できなくなった。いじめはいじめっ子といじめられっ子の相互作用といいながら、いじめられっ子だけの主観的被害数のみが「いじめ認知数」と認められることになったのである。

いじめの発生数の把握というからには、いじめ被害と加害の両立場からそれに関わった児童・生徒数の発生を把握する努力がなされねばならない。しかしそれがなされていない。文科省にもこれから修正しそうな姿勢は見えない。いじめに関する国の統計数値は、これまでもこれからも、先の調査「年」の問題と合わせかなり実態とは異なった歪んだ数値であると指摘せざるを得ないだろう。こうした歪みを持つ公的数値しかないから使用はするが、重大な欠陥数値であることを心得ておかねばならない。

繰り返し言う。いじめは加害者の獣心と欲動を根本に置いた悪意がいじめ心として噴出するのである。そうしたいじめをふるう子どもたちがどれくらいいるものかを直視し把握しようとしない公的調査など実施する必用が果たしてあるだろうか。

ただ２００６年度以降の文科省統計のいじめ認知数は、子どもたちの世界に「私は無視されたり、悪口を言われた経験があります」「そうした経験はいやありません」などという「友だち関係の病理的不全・混乱」がどの程度広がっているかを具体的数字で表している代理指標とみる上で非常に有益な数値であることは間違いない。

〈多様化する言葉「いじめ」の問題〉

「いじめられた」と叫べばいじめになる、そんな馬鹿なことはない。最初の森田・清永定義でいじめは相互作用といっているではないか。

いじめられっ子の被害感情から一方的ないじめ関係が成立し、いじめっ子と診断されラベルを貼られた子どもは教育的社会的制裁を受ける。「いじめた」と名指しされた子どもに、もし「いじめ心」がなければ、その子どもにとっては大変なえん罪である。今のように言葉「いじめ」に周囲の目が注がれている状況にあっては大声の否定もできない。心の内で「何言ってんだい、あいつは」ということになる。結果は子どもの間の人間関係の切断である。場合によっては一生続くであろう。

さらに怖ろしいのは、子どもの人間関係を一方的に「言葉『いじめ』」を境に切断し、いじめられっ子のいじめっ子への復讐の種となることである。

いじめられっ子といじめっ子だけでない。言葉「いじめ」は、普通の子ども同士のやり取りの中で「あいつは憎いヤツだ」「へこませたい」と思えば、その憎いヤツに向けて「いじめられた」と叫ぶだけで自身傷つくことのない無手勝流勝利となる。

前に述べたが、子どもがいじめだと言ったこと、感じたことをいじめとするという定めを作ったのは、その作った者自身のいじめの定義がないこと、その定義のないいじめの被害者をともかく救おうというこざかしい思い、底の浅い人間観が在ったからと思われる。言葉「いじめ」だけではない。それに類似した「アカハラ」「パワハラ」「セクハラ」などの言葉が今社会に蔓延している。

〈統一した全国いじめ対策展開上の問題〉

新聞報道ではあるが、全国統一の調査票を作るかの質問に、文科省の担当課長は「アンケート様式を全国で統一することには否定的だ」と述べた[5]。それはそうだろう。いじめを真面目に考えるほど全国統一などできるはずがない。いじめの根底には、子どもが生活しているその地域の文化（生活の様式）の違いが反映しているのだ。

文科省の担当者の発言は、いじめか否かの重要な判定は、最終的には全国の学校・学級の教育現場の先生そして子どもの判断に委ねるということを暗に示している。地域・学校・子ども・先生による「いじめ数のむら（斑）」がでるであろう。ということは、このように全国の学校や学級で調査した結果を整理・統計化しても、全国のいじめ実態を表す統一された数値には成らない、成りにくいということである。この数値をもって全国のいじめ対策を行政的に進めることは不可能ということでもある。

この全国調査を実施するため、いかに教育現場の先生方に緊張を強い、それでなくとも少ない授業時間を削っている実情を文科省は十分把握しているはずである。増えたのはスクールカウンセラーの予算だけということに成りかねない。

何がどうしていじめを生み、それが将来ある子どもの生を自ら断ち切らせたのか。そうした判断基準をさらに迷走させる調査であるなら、思い切って仕切り直しを図った方が賢明であろう。

3　改めていじめモノサシを作る

定義されてきた「いじめ」について幾つかの問題点を指摘してきた。大切なことは、では本書ではどう定義するかということだ。

改訂いじめ簡易一般定義

①　簡易一般定義内容

本書においては、まず簡略に、これまで述べたことを中心にしながら、子どもの間でなされるいじめを次のように定義する。以後この定義を「簡易一般定義」と呼ぼう。

「いじめ」とは、加害者の悪意を込めた意識的あるいは無意識的な会話、言葉、身ぶり、動き、集まりなどにより、それをなした加害者が被害者の心理的身体的な動揺、翻弄そしていたぶりを図るあるいはそれをなされた被害者が心理的身体的に動揺や苦痛さらには自虐・他虐感性を抱く行動（行為）

②　定義された言葉の説明

○「悪意」とは、他者を自分の思うように支配あるいは隷属・復讐・さしたる理由なく「ともかく食ってしまいたい」などという意思を秘かに込めた気持ちのことであり、先に述べた「獣性と欲動」と読み替えることができる（図1）。

最終的には、獣が捕らえた獲物に対するように、いじめの「悪意」は遊びながら直接間接的な意思伝達手段を用いて、相手を追い詰め笑いながら生命を絶とうとする欲動である（第3章図3）。悲しいことではあるが、それが人間の本性である。戦時下の兵士がいかに獣的行動を、「悪いことをした」などと言いつつ繰り返し行っていたか事実を知らねばならない。だからよいなどと肯定するのではない。だから我々は、そうした獣に陥らないため歴史そして哲学や文学に学ばねばならない、ということを声高く叫ぶのである。

○「いたぶる」「翻弄」とは、激しく揺り動かす、金品などを無理にねだる、ゆする、玩《もてあそ》ぶなどを表している[6]。インターネットによる中傷も含む。

■改訂簡易一般定義を支える4つの前提条件

改訂いじめ定義を提示する（いじめ判断枠を組み立てる）に先だって、いじめにはおよそ4つの現実があった。

① 人間は獣であるという現実（いじめ獣性起源説）

第3章で述べるように、いじめは動物である人間が基本的に備えている獣性と欲動に根ざし、その獣性と欲動からいじめ心が生みだされ、そしていじめ行動が引き出される、というメカニズムで誕生する。

いじめ行動は、特別の人間が行う特別の行動でなく、条件さえ合えば誰でもどこでも誰にでもそう振る舞う獣性と欲動の一種である。

② いじめは生成変化するという現実（いじめ転移説）

先のいじめ獣性起源説に従えば、いじめは、いつでもどこでもどのようにでも型や様式あるいは手口を変えながら転々と移り変わってゆく。これを「いじめ転移説」と呼ぼう。いじめという行動は、

「これがいじめだ」と固定した視線・イメージではとらえ定めることが非常に困難な行動である。

③　いじめには広がりと深さがあるという現実（いじめ量・質併存説）

前に述べたように病《やまい》としてのいじめには、広がりと深さがある（図2）。広がりは量であり、深さは質と考えてよい。これを「いじめ量・質併存説」と呼ぼう。この説によっていじめは初めて線の問題でなく平面の問題としてとらえることができるようになる。

広がりはいじめが多くの子どもの間に広まっていること、深まりはその問題の解決困難さを表す。困難さとは行われたいじめの酷さ悪質性さらに解決の難しさに結びついてゆく。

④　いじめは3層からなっているという現実（いじめ3層説）

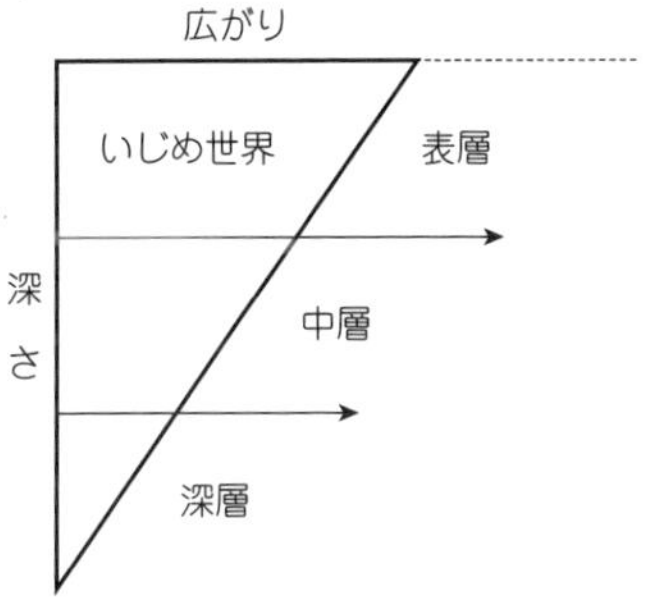

図2　いじめ3層世界

現実のいじめ世界はサンドイッチである。いじめの世界は、後の章で詳述するように、その量と質を元にして「表層・中層・深層」の3層に分けられる。量は多いが質はさほど問題でない表層。量は少ないが質の悪い深層。その中間に挟まれた中層。これを「いじめ3層説」と呼ぼう。

いじめ3層説は非常に重要であり、多様な現実的視点をいじめ世界に持ちこむことが可能となる。実際笑ってすむいじめもあれば、死へと導くいじめもある。これまでいじめは「いじめ」として現実状況を無視して全く同一に扱ってきた。だから多くの混乱と無駄な努力が積みかさねられ続けたのだ。

いじめ3層説の裏付け資料は、現実に起こった複数のいじめ事件観察文献資料、及び文科省が毎年実施している統計数値による。

いじめ3層説による層ごとの詳細な説明は後の章で行おう。

いじめ世界の3層に注目した最終改訂定義

先に示したいじめ簡易定義は、3層のいじめを貫く「一般定義」であり、抽象度が高い。現実のいじめを測るモノサシとしての定義は、3層それぞれを特徴づけるよう定義されねばならない。

① 表層いじめの定義

先に述べた本書の簡易一般定義は次のようであった。

「いじめ」とは、加害者の悪意を込めた意識的な会話、言葉、身ぶり、動き、集まりなどにより、それをなした加害者が被害者の心理的身体的な動揺、翻弄そしていたぶりを図るあるいはそれをなされた被害者が心理的身体的に動揺や苦痛さらには自虐・他虐感情を抱く行動（行為）

この一般定義を受け表層いじめを次のように定義する。

「表層いじめ」とは、無意識的あるいは意識的に繰り返しなされるからかい、ふざけ、ひやかし、つげ口などを中心に悪質性の低い会話、身ぶり、動き、集まりなどにより、それをされた被害者に心理的不安や動揺を起こさせる、あるいは身体的財産的不利益を半強制的に求める行動（行為）

②中層いじめの定義

中層いじめは次のように定義される。

「中層いじめ」とは、加害者の意識的になされる継続的あるいは一過的な悪意を込めた会話、言葉、身ぶり、動き、集まりなどにより、それをなされた被害者が心理的不安や動揺を起こす、あるいは身体的財産的不利益を半強制的に求められる行動（行為）

③深層いじめの定義

深層いじめは次のように定義される。

「深層いじめ」とは、場合によっては集団化した加害者による悪意を込めた抗しがたい嚇しや暴力を背景に被害者に強い心理的不安や動揺を起こさす、あるいは不本意な不良交遊関係への参加、金品要求、暴力行為、違法行為への参加などを強制・半強制的に求める行動（行為）

4　いじめと向きあう基本視座

3層ごとにいじめを分けることで、今後それへの対応も従来の「いじめは絶対許さない」という標語・かけ声運動からより的確な科学的教育的いじめ対応へと転換を図ることが可能となろう。

そうなる前にともかく過去の苦い経験と反省を踏まえ、いじめへ向ける私たちの視線、基本的な立ち位置を確認しておこう。

基本視線

①　視線の1：いじめを通し子どもを大人にする

子どもの教育とは、本来その時代その社会に応じた「大人」を育てることであったはずだ。なぜ算数を学ぶか、なぜ国語を学ぶか、なぜ体育の授業を受けるか。みんな子どもを成長成熟した人間、つまり大人にするためのものであったはずだ。そこのところを現在は忘れあるいは置き去りにした結果、大人になりきれない子ども大人が育っている。

体は大人であっても現実問題に直面したとき、その問題を解決するための適正な行動選択・その決定・結果に対する責任を取る心構えを用意している子どもが幾人いるか。いじめをした結果、それがどのくらい友だちの心をさいなんでいるか、それに対し責任を取る覚悟を持っている者がどのくらいいるか。ここがいじめ問題解決の根本的鍵である。と同時にいじめ問題の解決は、子どもをそうした大人にするよい機会であることにつながっていることは間違いない。

② いじめエネルギーの持つ創造性まで叩き壊さない

獣性と欲動に基づくいじめ心は、残忍性や冷酷性に富む。人間となるための恥ずべき行動である。叩かねばならない。しかし第2章で述べたように獣性や欲動は、恥ずべき行動を産みだす一方で、破戒エネルギーに基づく創造性を引きずり出す。

いじめを抑えるということで子どもの全ての野性味に満ちたエネルギーを抑え込んではならない。それは子どもを従順な羊に育て、次の創造的な社会の建設に参加することを諦めさせる。それこそみんな同じ葱坊主《ねぎぼうず》と化す。「1＋1＝2」は素早く計算できても、「1－1＝0」でなぜ零になるか、「0」とは何かに疑問を持てない子どもを作ってしまう。いじめを叩くことの副作用を考えの内に入れながらいじめ問題に向きあわねばならない。

本書を書き進める基本手法

いじめは人間という動物が起こすものである。動物の営みとしてのいじめを考えるなら、まずいじめっ子、いじめられっ子という動物がどのようにして誕生し、その動物がそれぞれどのような日常生活を過ごし、いじめ行動を行っているかの生態を冷静・沈着・丁寧・細密に観察せねばならない。

両者はどのような場で遭遇したか。なぜいじめっ子はいじめられっ子をいじめ対象として選んだのか。いじめられっ子はいじめっ子の狙いをなぜ外せなかったのか。いじめっ子は群れを作ろうとするが、その群れはどういう動機で結ばれ、群れの構造はどういう特徴を持ち、群れの領域はどう設定されているのか。いじめ、いじめられた後は子どもはどう過ごしているのか。いじめられっ子の庇護者はいないのか。庇護者は十分な機能を果たしているのか等々。

今までもこうした視点から犯罪の世界に注目した解析が行われてきた。犯罪行動生態学である。いじめの世界にも「いじめ行動生態学」として十分適用できる。新しい視界がいじめ世界に開けることは間違いない。

解析方法は、ひたすら現場に赴き嫌になるほど子どもを観察する。その裏付けとなるグループ調査を施す。要はそうした努力をするか否かである。計画性のないインタビュー調査を1回行っただけでいじめは分かった、子ども世界は分かったと言うべきでない。

本書は、こうした研究結果の一端である。

章の終わりに

言葉「いじめ」は、それを使用することで本来の思いを隠し、人前で露骨に表現することで生じかねない喧嘩や紛争、羞恥心などを避け、しかし目に見えない傷を標的に負わせ、負わせたことに責任も取らず、厳しく追及もされず、誰が負わせたのかさえ分からぬよう塗色することができる。周囲も「ああ、いじめか。しょうがないなー」と軽視化できる。言葉「いじめ」は、社会的緊張関係を曖昧化、希釈化さらには清浄化することのできるまことに便利な濾過装置であり社会的言語として発明された。しかしこのことの逆も言える。あまりにいじめの害を過大視し、いじめに関わる全てを消去してしまうことだ。きれいで清潔な子ども世界を作り上げることはできるかもしれない。考えねばならない。子ども世界はきれいだけでよいのか。きれいは汚い、汚いは綺麗といったのはシェークスピアの言葉が思い浮かぶ。

言えることは言葉「いじめ」を軽く扱う時代は終わったということだ。明確な定義なしに不作法に「いじめ」を使うことはできない。言葉「いじめ」の明確で個性的な定義なしにいじめ問題に取り組むことはできない。

本書においては、いじめに3層のあることを示し、そのそれぞれに「いじめの定義」を行った。いじめ解析時代の新しい幕開けとなろう。

注

(1) 森田洋司・清永賢二「『いじめ』集団の構造に関する社会学的研究」大阪市立大学社会学研究室、１９８５年。本研究を進めるに当たり、森田・清永と共に、当時、大阪市立大学の若い大学院生諸君が徹夜でいじめの定義、それを基にしたいじめ調査票を作成したことを記しておかねばならない。

（2）森田洋司・清永賢二『いじめ～教室の病～』金子書房、１９８６年。。

（3）いじめられ体験を緊急に問うにしても、この調査には、幾つかの疑問がある。

質問文に関しては、①質問文の最後に「いやな思いをしたことがありますか」の言葉が付いている質問と無い質問が入り交じり、調整されていない。「いやな思い」でいじめ被害意識の探ろうとするならば、最後の質問を除いて、残り全ての質問に「いやな思い」を付けなければならない。付いていない質問によっては、そこにあげられた具体例が即いじめとなってしまう、②質問文それぞれがいじめのどういう体験を聞くのかが明らかでない。最初の質問で「悪口・暴力被害体験」を聞くとして、次の質問で「プロレスごっこなどを無理矢理遣らされる被害体験」を聞いている。しかし、いじめでは、あからさまに「暴力」を振るわれるのでなく、「プロレスごっこ」などの形を取って暴力を振るわれるのが特徴ではないか、③「悪口を言われた」ことと「メールや掲示板に悪口や個人情報を書かれた」ことは、どう違うのか。「言われること」と「メールや掲示板に書かれた」、つまりどういういじめをやられたかの種類ではなく、いじめの手法を聞く調査なのか、③文章中に掲げられた具体的いじめ事例に子どもの回答が引っ張られる恐れのある質問構成となってはいないか、などの疑問が浮かぶ。

調査期間に関しては、今年半年の体験を聞くのに、いつからいつまでの期間かが、各教育委員会・学校に任せられ統一が取れていない。期間にずれがあり、教育委員会ごとに比較できる数値ではないのではないか、などの疑問が浮かぶ。など多くの問題が見られる質問文となっている。

（4）調査に際しては、「この1年」に起こった「いじめられ体験」を問うはずのものが、「この1年」に限定されず集められてしまったのではないか、という疑問を生じさせることが発表された統計数値からうかがえる。

（5）朝日新聞２０１２年11月23日朝刊。

（6）『日本国語大事典』小学館。

あたし中卒やからね　仕事をもらわれへんやのと書いた
女の子の手紙の文字は　とがりながらふるえている
ガキのくせにと頬を打たれ　少年たちの眼が年をとる
悔しさを握りしめすぎた　こぶしの中　爪が突き刺さる

中島みゆき　作詞作曲「ファイト!」より

第2章　いじめの源流を考える

いじめ問題を巡り様々な視点からの論争が行われている。しかしその論争は、いじめの根本的解決のために一向に積み上がっていかない。これほどにその解決が望まれながらだ。

「いじめ問題が問題なことは分かった。それでは私はこれから先どう考え、どう動けばよいのだ」という積み重ねがない。いつまで経っても同じ繰り返し同じテーマ、同じ悲哀が論じられる。いじめを論じあうこと自体がいじめの様相を呈して来る。論じあうことに疲れさえみえる。

別な角度からいじめの何が問題なのかを俯瞰してみよう。

1　言葉「いじめ」の背景を探る

英語で「bullying（プーリイング）」。オランダ語で「Pesten（ペスト）」。中国語で「欺負（チーフ[1]）」。そして日本語で「いじめ」。

オランダ語「いじめ」はペストである

オランダ語のPestenは、まさにあの黒死病と呼ばれたペストと同音異義語である[2]。疫病としてのペストは、音もなく人々に忍び寄り、王も領民も富者も貧者もなく無差別に襲いかかった。激烈な症状、高い致死率は世界中の人々を恐怖へと走らせた。その恐怖と「あの人は患者ではないか」という相互不信が、中世社会崩壊の促進要因とさえなった。

いま多くの子どもたちは、音もなく忍び寄るいじめにおびえて立ちすくむ。救いを求め小さな眼を周囲に投げる。かつてのペストがそうであったように、子ども世界を恐怖と相互不信が支配しようとしている。

子どもたちだけではない。子どもが学ぶ教育の世界も、いじめという病いの重大な発生源として、その存在のありようが厳しく問われている。

■英語「いじめ」は差別の中で育った

オランダ語の「いじめ」の背景には忌まわしい病の歴史が潜み隠れている。英語「いじめ（Bullying）」ではどうだろう。

Bullying の基となった bully を英々辞典で引いてみる[3]。

言葉 Bully は「fear（密やかな脅し）, pimp（『スベタ』呼ばわり）, hired ruffian（「あいつはごろつきだぜ」呼ばわり）で他の人を発せられない言葉で強制的に従わせる人」を表す。

辞書はあるがままの言葉の意味を表記する。しかし言葉を必用とする社会的背景にまでは言及しない。

知りたいのは、なぜ１９５０年代以降、「bully」が「bullying」と「-ing」を付けて特にイギリス教育で重要視され、その克服の重要さが強調されるようになってきたかである。

恐怖心、スベタ、無法者視などによる密やかになされる人の支配。そうしたことを「bullying」と単語化し表現した第二次大戦後の英国社会。

第二次大戦前のイギリスは、世界の果てまでの国々を植民地とした。それを統べる宗主国として君臨する大英帝国（United Kingdom）であった。しかし戦後多くの国々が独立してゆく。その旧植民地からの移民を旧宗主国としてイギリスは受け入れざるを得ない。

そこで問題となったのが、落ちぶれたとはいえ大英国民であったという旧来の住民の自尊心（pride）。それに対し被支配下にあった新住民（new comer）の卑屈な感情。両者の間の感情のギャップであった。差別（racial discrimination）である[4]。

Power to the pupils

Children are less likely to misbehave if they re given responsibility.
Jan Parker reports

How do you help disenchanted adolescents become part of a solution rather than part of a prob- n? "Allow them to be," says Jenny beron, a Leeds-based pupil behaviour ecialist with a reputation for effective pil support and straight talking.
She helped a group of "particularly dis- chanted" secondary pupils to build a ayground corner at a neighbouring pri- ary. "If they had been ordered to do this, y would have seen what was nickable d stolen it. But this was their project — eir decision and their work. They hieved something to be proud of and no y are they going to allow anyone to ess it up."
Fergal Keane tells a similar story. The 3C journalist recently visited Leeds for a rthcoming documentary series. "I went

Girls behaving badly: yet bullying stops when pupils find their own solutio

1970年代以降、暴動を含む人種間の激突が生じた。いずれの暴動の始まりも少数者への「恐怖心、スベタ、密やかになされる無法者視」絡みであった。

イギリスは世界に向け「人権」を発信する国である。その国がまさか剝き出しの「差別」を行っているとは思われたくない。英国紳士（John Bull）の矜持に掛けてもそう思わせてならない。そこで「bullying」が差別（discrimination /segregation）に代わって採り上げられることとなった。反差別ではなく、反いじめである。

イギリスは反いじめと反人種主義を抱き合わせに進めている。しかし現在でも様々な問題が折に触れ噴き上がる。

イギリスと日本。同じ「いじめ」を使用してもその言葉を必用とした背景は大きく異なる。しかし異なるように見えてわが国の言葉「いじめ」の背後にも「差別」が潜んでいることは間違いない。

The Times　2000年1月2日

新しい18歳は何を考えているか。

・人種差別は過去のものと考える13%、今でも生きている83%

イギリスのようにそのことを強く意識し克服しようと「いじめ」に向き合う国と、日本のように意識しないで単に感情のもつれとして後ろ向きに向き合う国とでは、「いじめ」と「人権」への取り組みの深さが異なることになるのは当然であろう。

単なるカウンセリングですむ問題ではない。英国のいじめへの取り組みの歴史から、「人権」という視点をしっかり踏まえいじめの現実を直視せねばならないことを学ぶ。

■日本語「いじめ」は1960年代までなかった

言葉「いじめ」は、それまでにも存在したかもしれない。しかし浅学を恥じずにいえばそれでも国語辞典に載るような言葉「いじめ」は存在しなかった。

1965（昭和40）年に出版された「現代語・古語」国語辞典には「いじ・める」はあるが、名詞「いじめ」は載っていない[5]。その「いじ・める」の説明として「意地悪く苦しめ悩ませること」とある。「意地悪」についての記載はない。「意地」については「気だて、自分の考えを無理に押し通そうとする意思」と現在の「いじめ」に近い語句の記述がなされている。

これが1973（昭和48）年に他の出版社から出された『日本国語大辞典』になると「いじめ」が記載される。「（動詞「いじめる」の連用形を名詞化）弱い者を苦しめたり悩ませたりすること」と説明される[6]。意味としては漠然の感がある。

ともかく1965年から1973年の8年の間に「いじめ」を辞書に登録する必用のある何らかの社会的変化があったと思われる[7]。

1991（平成3）年に第4版が出された岩波の『広辞苑』には言葉「いじめ」が明記されている。しかしその説明としては「いじめること。特に学校で、弱い立場の生徒を肉体的精神的に痛めつけること」と同意反復語《トートロジ》的な記述がなされている。これでは「いじめ」の一歩踏み込んだ具体的説明にはならない。いじめの被害は「生徒」だけでなく「児童」にも見られる。「肉体的精神的に傷めつける」のであれば、従来からの「暴行・傷害・からかい・いびり・嫌がらせ・囃し立て」などの言葉とどう異なるのであろうか。

2　いじめをどう考えればよいのか

■ 基本は「その心」

いじめは「心」（以下この「心」を「いじめ心」と呼ぶ）である。歪んだ心がもたらす「歪んだ人間関係」である。

交わされるほほえみの中に混じった嘲笑。笑いの中で心中深く切り刻むふざけやからかい。気の合う者の集まりと1人だけ外されることの屈辱と恐怖そして悲しみ。同じ視線や身ぶりでも心によってはいじめとなったりならなかったりする。だからいじめ問題は嫌らしく解決は難しい。

> 私がこたえたのは、（私が）教員室に入るまで外に聞こえるほど大笑いしていた声がピタッと止み、そそくさと2～3の人がさも用がありそうな格好で入れ違いに部屋から微笑みながら出てゆくことでした
>
> （２００４年　ノイローゼに陥った小学校新任2年目教員の訴え）

誰が脳中に入り目に見えぬいじめ心をむんずとつかまえ、体外に現れた視線や動きがいじめ行動だと断定できるのか。

それでなくとも心は瞬時に生まれ変化する。場所（社会）、時間（時代）、個人のコンディションや

生活状況、向かい合った相手、さらにはその日の天候等によってさえ異なってくる。誰が明確にこれがいじめ心だ、と判定できるのか。

同じ「つねる」という行動でも愛し合っている二人と憎み合っている二人では反応は随分と異なる。愛し合っている二人の場合は甘く「もっとつねって」と言うだろう。憎み合っている二人の場合は冷たく「何をするんだ。いじめはやめろ」と叫ぶに違いない。愛を表現したいと思う「心」に「これは愛です」「これは憎しみです」とサインが入っているのか。

いじめは心である。だからいじめ問題の解決に心理学を学んだ者が多く参加する。しかし間違えてはならない。いじめる心の前にいじめる人間がいる。心は人間の一部である。心理学を学んだから人間が分かるか、といえばそんなことはない。心理学の人間知らず、といわれるではないか。

■いじめの二面性に注目せねばならない

いじめは悪い。非常に悪い。人間として恥ずべき行動である。そのことは間違いない。しかしその一方でそのように単純に厳しく「悪い」と決めてしまってよいかの疑念が残る。不確定で曖昧で出所も定かでない言葉「いじめ」をそのように断定的に使用してしまってよいのか。

詩人、作家そしてコンツェルン企業経営者であり芝居、芸術、現代消費社会論も資本主義論も何でも論じる卓越した一人の大人の言葉を紹介したい。

（略）母は賃仕事で、わずかな収入を得ていました。

学校では馬鹿にされた。

毎日のおかずが買えないから、ご飯の上に白菜の漬けものを置いて食べるわけです。同級生は、のぞき込んで「君、また白菜だけか」と、言うんですよ。「妾の子」とも言われた。厳しかった。今でも、いじめ報道を見ると思い出します。

小学5年生の時かな、ついに我慢ができなくなって一番強いやつに挑みかかった。投げ飛ばして、ぽかぽかに殴った。あいつを怒らせるとやばい、となったんでしょう。いじめはなくなりました。僕はいよいよとなると、むきになるんです。[8]

この淡々とした言葉の背後に、今でも続く小学校5年生時の厳しいいじめ体験による心のうずきを読み取る。だからいじめは酷いと思う。しかし同時に、自分の力でそれをはね飛ばし、はね飛ばすことで成長していった母想いの大人が幼い時に養った優しく強い眼差しをうかがい見る。

いじめには両面在る。いじめに押し潰されるか、いじめを押しつぶすかの二つの顔である。その顔のどちらの面を被るか。子ども個人の心の強弱がある。子どもの育ち置かれた環境もある。顔の選択は子どもが選ぶべきである。

私たち大人としては選ばれる顔、選んで欲しい顔は決まっているであろう。答えはここに取りあげた1枚の新聞記事の中にある。

表1　いじめ4つの機能

	顕在的機能	潜在的機能
いじめの順機能（いじめは悪い説）	いじめられっ子の心を打ち砕く・歪める・人間関係の不全を進める働き（子ども心や集団を歪める機能）	いじめられっ子に現実社会を乗り越える大人としての力をつける働き（いじめられっ子社会化機能）
いじめの逆機能（いじめにも見るべきものがある説）	子ども集団を統率するワルサ・図太さに長けた次世代リーダ育成の働き（リーダ育成教育機能）	いじめの酷さ非人間差，無法さなどを教え人間性・順法精神を備えた大人としての力をつける働き（いじめっ子社会化機能）

いじめの順機能と逆機能を考えねばならない

いじめも様々な面から見るべきではなかろうか、と思う。

いじめの働きを今の世の大勢がなしているように唾棄すべき悪玉として扱うことを「いじめの順機能（働き）」と呼ぼう。これに対しいじめにも考えるべき点があると善玉的に扱うことを「いじめの逆機能」と呼ぶ。また機能には目に見える（顕在的）機能と目に見えない（潜在的）機能がある。最終的に「いじめ」は社会学流に４つの枠で整理することができる（表1）。

考えられる４つのいじめ機能を例示する。ここに掲げた例はあくまでも例である。要するにいじめを一方的に悪いと見るのでなく、多角的にとらえ考えねばならないということである。「いじめ、エー」というのでなくいじめを様々な想いで様々な視角から考えねばならない。

現在のいじめ論はあまりに固く多様性に欠ける。そこからは多様な子ども、多様な現実的可能性を持った子どもは育たない。いじめを固くとらえ考えようとする背後には、いじめとは何か、いじめの実態と本質をとらえ損なっているのではないか、という思いがする。

言葉「いじめ」の限界

言葉「いじめ」は、どんな酷い言葉や行動をいじめられっ子に振るっても、その行動を中和化し、責任を逃れるためには大変便利な言葉である。「殺す」と表現すれば大問題だが、「自分で死ぬようにしむける＝いじめ自殺に追い込む」といえばそれを促した者の責任の重みはぐんと減る。子どもは、言葉「いじめ」を使って周りに「死」をもたらす。結果に対しては、「まさか死ぬとは思いませんでした」である。

また現在言葉「いじめ」は、いじめられっ子から見れば復讐の剣となりかねない。「いじめを受けた」と叫びさえすればよいのだ。この刃の威力は凄い。周囲みんな寄ってたかっていじめっ子糾弾が始まる。

さらに言葉「いじめ」は、自分をある行動へと向かわせるスイッチともなっている。「いじめを受けたので学校に行きません」と言えばよいのである。

今では苦しみもだえる心を表現するのに「いじめ」はなくてはならない言葉となっている。同時に言葉「いじめ」は、いじめっ子といじめられっ子両者どちらにとっても自己の行動評価を別な方向へ誘導する。「いじめ」は、行動の真意を読み誤らせる。復讐や刃物を使わぬ社会的殺人などの操作にも使われる社会的言語となっている。

安易な言葉「いじめ」の使用は、凶器を振りまわすと同じ効果を果たす。

いじめには判断基準が不可欠

２０１１年から続く今日のいじめ問題を眺めて思うことは「いじめた者への公然とした裁定あるいは罰（sanction）」（以下、「罰」と呼ぼう）を求める声の強いことである。

いじめのために死を選んだ子どもたち。自傷や深い心理的外傷（trauma）で見動き取れなくなった子どもたちとその周辺。特に保護者の許せない思い。憤るマスメディア。

こうした人々の思いには心から共感できる。保護者の法的制裁を含む何らかの償いを求めることは当然のことであると思う。

しかし罰を求めるには「こうした行動にはこれだけの罰を裁定し、加えられねばならない」という因果的で客観的な基準が必用である。この基準なしには、同じ行動を振るったのに罰を受けた者、そうでない者が生じる。この基準なしの制裁は、私的制裁（リンチ）であり裁判なしの社会的極刑に成りかねない。

同じいじめを振るっても、本人や保護者の状況によって罰があったり無かったりする。ある地域ではいじめとして罰を受け、他の地域では何ごともなかったとされる。このことは罰を加えるにしろ大きな不平等を生むこととなる。場合によっては、加害者が被害者、被害者が加害者ということになりかねない。

いじめたことで転校を余儀なくされた子どもの背中に形を変えた「村八分」「教室八分」をみる。「いじめられた」と叫べば、それによって気に入らない者を教室から弾きとばし、地域社会から姿を消し去ることができる。弱者は弱者であると同時に、言葉「いじめ」を使うことで強者に転じかねない。いじめはいじめを生む。今はそういう時代になったのだ。

こうした状況において「何がいじめか」「どこまでいじめで、どこからいじめでないか」の判断基準のないいじめ裁定ほど危険なものはない。いじめを単純な加害―被害構図の中で早急にとらえ裁こうとする者は、それほど危険な振る舞いを行っているのだ、ということを自覚しておかねばならない。先に述べたようにいじめはその心があっていじめになる。いじめ心を体外に具現化したとみなされる行動を見ても、その行動が本当にいじめであるか、を問うて即座に「そうだ」ときっぱり断言する者は絶対といってよいほどいない。もっといえばいてほしくない。特にいじめに罰を下す状況下においては、だ。

子どもを問いただすほど得られる回答は揺れる。詰問調そして尋問取り調べ調になる。それでも最後は「ウーン、分かんな～い」、そして「いじめたかな～」、最後に「いじめました」となる。これは、犯罪取り調べにおいて過去多くのえん罪を生みだしたと同じプロセスだ。

子どもの「分かんな～い」への正解は、やったことがいじめかどうか自分でも「分からないからやった」、子どもだから「やることができた」のだ。それをやられていない周囲の者が「いじめ心」を読み解いて「これはいじめです」と断言できるのか。

それが罰に値するほどの行動だという判断基準がしっかりしていない行動ほど危ない判断はない。しかし現実に最近のいじめは「許せない行いだ」として裁定の範囲内に含まれ、かなりの罰を加えられることが社会的に許容される傾向にある。先生が手に負えないいじめは、何でも外部と連絡を取って早く解決を目指そうとする傾向が強まっている。実はここに今のいじめ問題に関する一つの大きな解決課題がある。

3　いじめ6つの基本パターン

■ いじめ、それは何ものか

いじめ観を変え、いじめに投げる視線を変える必用がある。いじめをいじめとしながらいじめへの視線を変える必用がある。

固定して見てはならない。これがいじめの核心だと思いこんではならない。いじめそのものがあると思ってはならない。

具体的にはどうするか。

多くのいじめ行動は、それがいじめと認定されたとたんに別種の行動へと変異し、相も変わらずいじめそのものは続いていく。プロレスごっこから菌ごっこへ、またいじめから校内暴力へ、というようにである。おそらくこれからは「いじめ」とは呼ばず別な言葉へと変換され、別な呼び方が使用されてゆくに違いない。

大切なことは、個々具体的な行動にいじめか否かのラベルを貼ることよりも、どのような行動パターンが「いじめ」と呼ばれ、問題視されているか、ということを把握することである。

少なくとも、次の6つの基本的行動パターンをあげることができる。

① 基本的人権の侵害行動
② 既存の刑法等の法体系やその他の統制力で処理することのできる、あるいはその範囲内のことだが実際に統制され実行するには困難な境界的行動
③ 個々の子どもたちの荒れた心、利害に根差す行動
④ 子どもたちの全体的な人間関係の不全性が起因となって生じる行動。
⑤ 本人の属性であれ状況的にであれ（身体の不調、転校生など）、弱い立場に立たされる者を侵害対象とする行動
⑥ その時代や地域で昔から慣習的にあざけり・いたぶりの対象となってきた言葉や行動

現実に生じているいじめは、上記の基本的6つの行動が個別にあるいは複合しあって生み出された結果に他ならない。基本的行動パターンは6つだけでなく、もっとあるかもしれない。これらをまとめて手軽にいじめと呼ぼうとしたところが問題なのである。

いじめ＝タマネギ論を見据える

この6つの基本パターンを基にして、もう少し、イメージ的にいじめを表現してみる。たとえば、

いじめは子ども世界における「いじめタマネギ現象」とイメージできる。

タマネギは、多くの厚皮から構成されている。その厚皮一枚一枚はタマネギとはいわない。しかし多くの厚皮が集まって玉状を形成した時、その塊りはタマネギと呼ばれる。

日常的には、「いじめというタマネギ」が真実存在するものという前提でいじめに向かう。しかし、上記①②③④⑤⑥という6枚の厚皮から成り立っているいじめタマネギの厚皮をどこまで剥いていっても「これがいじめタマネギだ」という真核部分は得られないだろう。剥くほどに涙が出る。最初はグッとこらえるが最後は大泣きになる。その涙の厚皮を寄せ集めたとき、はじめて「いじめタマネギ」が目の前に現実の物となって現われる。

「いじめタマネギ」は存在しない。しかし存在する。眼前にいじめはこれだという行動は存在しない。しかし、いじめに脅える子どもは事実存在する。茶色の薄皮にくるまれた厚く白い肉皮。その肉皮を剥くごとに出てくる涙。こうした薄皮と厚皮のイメージギャップがあるからこそ、いじめは理解しがたく、認知もしがたく、解決もむずかしい。

ここである重要なことに気づく。

いじめをこのようにタマネギとしてイメージしたとき、一番外の茶色い薄皮に包まれたタマネギの固まりをタマネギとして見るのではなく、薄皮を剥いた6枚の白色の厚皮に還元して見ることの必要性である。

日常、薄皮に包まれた玉状の塊りこそがタマネギだと思い込んでいる。しかし、食生活で本当に求められるのは、タマネギを構成する厚皮こそが私たちにとってのタマネギなのである。

こう考えるならば、私たちは安易に「いじめ」などと呼ばずに、「それは人権侵害なのだ」「それは法から外れた非行なのだ」「それは友だちとの人間関係に憎しみを持ち込んだ恥ずべき行いだ」「それは（他者の心への）暴力だ」と一つ一つの構成部分に帰って語るべきだ。つまり、ある行動群を「いじめ」と一括安易に「読み替え」、そしてことの本質を「曖昧に」したのを、再度、元の行動群に「読み変え直す」のである。

子どもたちの荒れた心、子どもたちの間の人間関係の不全、尊重されない基本的人権、意識されない非行行動、弱者への容赦のない仕打ち、世の中一般では通用しない醜く恥ずべき汚い言葉使い。たとえばこうして分割整理してみても、それでも⑥でいう「その地域で昔から慣習的にあざけり・いたぶりの対象となってきた言葉や行動」あるいは「新しく作られたあざけり・いたぶり」というような、地域に縛られたどうにも表現できない厚皮1枚が残る。この厚皮を「いじめ」といえばよいのではないか。

薄皮に包まれた丸い球根をまとめ「いじめ」とこれまでのように一括りに表現し続ける限り、いじめ問題の本質はとらえられないし、真に解決はしない。

章の終わりに

現実のいじめ状況への対応は、モノサシが乱れ、その仕分け＝診断がうまくゆかず、そこに生じる大人の側の不手際を隠す「犠牲の山羊《スケープゴート》」として、「いじめっ子」とラベルを貼られた子どもを「道徳的市民」といういじめウォッチャーの前に提供しているのではないか。

子どもという「人間」を見つめる私たちの視線の浅さが、今日のいじめ問題をより深刻化させているとも言えよう。反省すべきは私たち大人自身なのだ。

注

（１）「欺負（チーフ）」は１９９８年当時、日本女子大学に留学していた陸樹芳が「中国のいじめ」（清永賢二編『いじめの国際比較』信山社、１９９８年）を著す中で造語した。それまで中国では言葉「いじめ」は存在しなかったが、陸は「そういった言動は中国にも沢山ある」といい、新たに「欺負（チーフ）」を使用した。

（２）Mooij, Tom "Pesten in het onderwij" Nederland: Katholieke Universiteit, Instituut voor Toegepaste Social wetenschhappen, 1992, p.3.

（３）*Concise Oxford Dictionary*, Oxford University, 1987.

（４）１９８０年8月、ロンドン・コベントガーデンのフィッシュ・チップス売店での会話。質問「あなたはどこから来たの?」。回答「南アフリカの首都の近く」。質問「何歳?今は幸せ?」。回答「17歳

（の女の子）。食べることを心配しないだけ良い。だけどここは嫌い。早く（国に）帰りたい」。質問「どうして?」。回答「みんな冷たい。友だちがいない。まるで奴隷（as a slave）。夢は帰る日のこと」。

（5）「いじめ」という名詞は昭和40年に出版された「『新潮社国語辞典～現代語・古語～』（久松潜一監修）」にも載っていなかった。存在する言葉は「いじ・める」であった。

（6）「いじめる」と「いじめ」では、単に動詞と名詞の違いだけではなく、「いじめる」という言葉の使用には「誰々がいじめる」という主語の存在を想定したくなるが、「いじめ」という名詞扱いになると「誰々がいじめ」となり、主語の存在を想定し難くなる。言葉「いじめ」からは、誰がいじめるのかの「誰が」を強く意識しなければ、その「誰か」は曖昧になり匿名化してゆく危険性を含む。いじめにそういう曖昧化を求めたのが1973年から1991年の間の社会的変化であったと考えられる。

（7）新村出編『広辞苑　第4版』岩波書店、1991年。

（8）「いじめ体験から対抗心～詩と芝居と経営と4～」堤清二（辻井喬）、2013年2月4日、朝日新聞朝刊。

私、本当は目撃したんです　昨日電車の駅　階段で
ころがり落ちた子供と　つきとばした女のうす笑い
私　驚いてしまって　助けもせず叫びもしなかった
ただ恐くて逃げました　私の敵は　私です

中島みゆき　作詞作曲「ファイト！」より

第3章　いじめ心の本質を考える

今のままでいじめは本当に根絶できるだろうか。いじめは根絶できない、などというと、大きな問題発言とみられるだろう。しかし、冷静に考えようではないか。根絶しようという発想の裏側には、子どもや人間性に対する認識の浅さがうかがい見える。あるいは楽観すぎる。できないことを棚上げしできるのだと問題解決のすり替えがなされている。いじめに関わる人間理解の浅さが現われ出ているという思いがする。

いじめはなぜ起こるのか。どのようにして起こってくるのか。いじめの始まりからその抑制まで勇気を持って根源的《ラディカル》に考えてみようではないか。

1 そもそも人間とは何モノなのか

人間は善か悪かそれが問題だ

人間はもともといじめを働くものではない「性善な存在」。逆にいじめを働くものであるという「性悪な存在」。さらには「その両者を有する両義的存在」。この三者による論争が古くから途切れることなく続いてきた。今でもそうだ。この論争は、しばしば殴り合い、嫉妬、うわさ話そしていじめまで引き起こす。

性善説の背景には、なぜ子どもがいじめを働いたのか。子どもというよりも人間はあくまでも善良な存在で、もともといじめなど働くはずはないが、たまたま何か子どもを悪くする原因があっていじめっ子が生み出されてしまった、そう思いこみたいという想いがある。

これに対し、性悪説は、なぜいじめを働かなかったのか。子どもというよりも人間はもともといじめを日常的に働いても不思議でない存在だが、何かの作用でいじめを働かずにすんでいる、と考える。

最後の両義説は、子どもは性善も性悪も兼ね備えた存在と見る。あるいは全くの白紙の状態と考える。この説では子どもとは善と悪の両面を兼ね備え、あるいはどちらにも転ぶ可能性を持ち、環境によってピラピラと両方を使い分ける可変な存在であると考える。子どものいじめはたまたま、それをさせる環境があり、たまたま悪の仮面を子どもに付けさせ働かせたにすぎない。環境を変えてゆけばやがていじめをしなくなると判断する。

この性善、性悪、両義説どの説を支持するかは、人間を根本的にどう見るかという眼差しの差異もっといえば信念・哲学・その人の生き方の違いにある。人間性善説と両義説は人間楽観論の立場であり、人間性悪説は人間悲観論の立場である。

斬りつけ事件現場

現在、大多数の大人（以後、子どもを取り巻き強い影響をおよぼす人を「大人」と呼ぼう）は、前者の立場を肯定あるいは肯定したいと思っている。しかし、その思いの裏側で少年によってなされた凶悪事件の報に接するたびに「いやまてよ」と性善説的子ども観に疑問を抱く。

２０１１年11月。高校生による少女連続斬りつけ事件が起こった。斬りつけられた小学2年生女児はあごから血をダラダラと流しながら逃げ回ったという。

被疑者である少年については猫の惨殺などから神戸・酒鬼薔薇事件の加害少年との類似性、あるいは発達障害やアスペルガー症候群の少年ではないかとの病理的な取り上げが盛んになされた。こうした事件解説に関する最近の特徴として説明者が説明しかねる事案に関しては、ともかく「病気」あるいは「症候」という説明に持ちこみ満足する傾向が強い。

人間性善説の落とし穴

性善説的立場では、人間は全て善人であり、悪玉はどこか歪んだ逸脱者であると考える。その結果悪玉（原因）を追い求め、追い詰めることになる。場合によっては、その悪玉と判定されたいじめっ子は、みんなは良い子なのに「あなただけ全く悪い子」と断罪され、その人間的存在まで強く否定される。「いじめの根絶を願うならば、いじめる人間がいなくなれば、いじめはなくなる」という考えにたどり着く。

こうした発想や叫びには、いじめる子どもを嚇し追放し続ければ、最終的にはただ一人を除く（いじめ対象もいなくなった、ひとりぼっちの私）、全ての子どもを追放しなければならないだろう、という思慮はない。あるのは、いじめは、いじめっ子がいなければ子ども世界から全く消滅させることができる、という根拠のない楽天主義である。

一方でまた、こうした性善説的な発想からは、「うちの子は、もともといじめっ子じゃない（性善）」けれど、「いじめられたと言っているお宅の息子さんが、いつもノロマで皆に迷惑をかけているから、うちの子がキレて殴ったんだ。ノロマなあんたの息子が悪い」といじめられっ子に責任を転嫁する口実が生みだされ、いじめられっ子に対する非寛容性と排斥の動きが生じかねない。いじめの原因はいじめられっ子にある、というわけだ。

　誰もが親しく可愛い人間を信じたい。産まれたばかりのスベスベした肌を持ち、力一杯お乳に吸い付く子どもを全面的に「良い子」と信じたい。こうした信念は子どもが育ち自立してゆく上で非常に大切なことだ。だから人間は生きのびることができた。しかし親しい人も生まれてきた子どもも「ヒトという動物」であることを忘れてはならない。

人間の基本は生物であり獣《けだもの》であることを覚悟しよう

〈獣〉

　こうした性善説的人間観に対し性悪説は、人間は性悪なのだから「いじめをなくす、などといってもどうしようもない」という悲観主義を生みだす。

　想像してみよう。

　生まれた時から人権感覚を身につけ、母親の乳房を一人占めにしようともせず、他者の痛みが感じとれ、他の子どもが持っているものを欲しがりもせず、他の子どもより少しでも良く見せようともせず、他の子どもよりもすぐれた存在になろうとも思わない、ねたみも恨みもしない。そのような子どもが果たして存在するだろうか。そういう子どもがいたら、どこか病気でないかと早く抱きしめてみた方がよい。そういうものなのだ。

性善か性悪か。この論争は不毛である。善とは悪とは何か、何がどうして善か悪かを判断するのか、誰にとっての善か悪か、の根本を追究しない限り答えは出ない。そもそも善か悪かを求める前に人間とはどういった存在かを根本から突き詰め考え抜かなければならない。

間違いなく人間は動物である。草や花から生まれるのではない。何らかのタンパクを求め、生きている物を殺し食らいつく動物から生まれる。生物種に属する「ヒト」（ここでは動物性を強調し「ヒト」とあえて呼ぼう）である。ヒトは動物でありそれも生きとし生きる物の頂点に立つ獣である。

動物としてのヒトが他の動物と異なるのは、考え工夫し、その工夫を相互に交換しあい、次代に伝えることのできる頭でっかちで高い知能を持つ「ホモサピエンス（Homo Sapiens）」であるということだけだ。

〈欲　動〉

動物としてのヒトの行動は自己本位的で他者を容赦なく踏みにじる獣性（brutality）とその中核に座す獣心（the heart of a beast）に満ちている。[1] 同時にヒトは、動物という種を構成する「人」としての欲求に突き動かされ行動する。獣人である。獣人の基本的欲求は、獣と人の両面を兼ね備えることになる（この欲求をＳ・フロイトのいう心的なものと身体的なものとの境界概念であるTrieb（独語）を採用し以後「欲動」と呼ぼう）。だから獣人から出発した人間の心は、時に獣のように残忍であり、時に調和を求める人間性に満ちたものとなる。

欲動の基本は「生き続ける（生存）」ことである。生き続けるためには、自分の食物の確保や安全に眠れる場所（縄張り territoriality）を定めようと命懸けの孤独な死闘を繰り広げる。生殖行動にしてもそうだ。自分たちだけの種を残したいという欲動に突き動かされ噛みあう。

欲動は、同時に獣としての「心（獣心と呼ぼう）」と人間としての「心」をつなぎ接着させる役割を果たす。この欲動があることによって獣心はいじめ心へと変態（Metamorphose）を遂げる。人間は動物から出発し、獣心を基とした欲動に支配される存在である限り、いじめ心は永遠に保持され続ける。ヒトとしての人間の宿命である。

人間動物研究の始まり

多くの学問は、母親の産道から無事世の中に飛び出し、文化・文明という綺麗な衣に包まれ始めてからの子どもを視野に収め、そこから何ごとも考え始めようとする。生まれ落ちて母親の手に抱かれたその時から考える。その方が考える上で楽だからだ。

そうではない。ヒトとして人間から生まれることを運命づけられたその時から考えねばならない。人間の歴史は、母親に抱かれた時からではない。ヒトとして動物として産まれることを運命づけられたその時から始めねばならない。

であるならば、人間はその心の奥深くに動物＝獣としての心＝獣心を生まれながらに潜ませ所持していると覚悟せねばならない。

獣心は生まれ出る前から体内に備えられ組み込まれている。これは運命であり自ら選択できるものではない。まさに運である。

１９７０年始め、すでに次のように示唆に富んだ視点を表現した者がいた[2]。

> 人間はおのれの種の仲間を何の生物学的な、あるいは経済的な理由もなく殺し、苦しめ、しかもそうすることによって満足感を味わう唯一の霊長類である。この生物学的に非適応で、系統発生的に計画されたわけでもない「(悪性の)攻撃」こそが人間が行う攻撃行動理解の上で不可欠なのだ。

■逸脱防止の歴史が示す善と悪の誕生

人間は、身体の奥深くに獣心と欲動を潜ませている。その獣心と欲動を押さえる善と悪がいかに誕生したかは犯罪防止の歴史から見ると非常によく理解できる。

〈徒手空拳の時代〉

動物として生まれたヒトは、ともかくまず自分の手で自分の足で自分で作り出した道具で獲物を狩らねばならなかった。獲物を倒すためには容赦をしないことが求められた。まさに獣である。獲物を狩ってもそれを間に置いて同じ種同士で熾烈な闘争をせねばならなかった。雌をめぐっての雄同士の殺し合いもそうだ。しかしこれでは弱い者は滅びて当然という弱肉強食の厳しい淘汰に陥ってしまう。

　基本的に体力が無く、これといった武器を身に備えていないヒトは動物として徒手空拳で振る舞う限り消滅してしまうことは間違いない。そこで困ったヒトは考え偉大な発明をした。コミュニティと神の発明である。

〈コミュニティと神の発明〉

　動物の中でも特に弱いヒトは、共存して生存を確保しようという目的で一カ所に群れ集まり始めた。この集まりの空間に入るヒトを「ヒトとヒトの間に入る」ことができる「ヒト＝人・間＝人間」とした。知恵のあるヒトは人間であることで生き延びようと図ったわけだ。人間の誕生である。こうしたヒトの人間化の過程でコミュニティと神の発明がなされた。

　コミュニティの語源は、印度アーリアン語から始まる。その語源の意味を探ると「ここに一緒にいるため、私がしなければならないこと・できること」という精神に行き着く[3]。

「私がしなければならないこと・できること」という共助の精神がなければコミュニティなど必要ないし成立しない。コミュニティとは共同の心であり精神なのである。

　この群れて集まるコミュニティ空間でヒトは人間として振る舞うため、ヒトの基本である動物としての本能的利己本位性（獣性の一部）を押さえる必用が出てきた。この利己本位な行動を押さえる一装置として群れの「掟（rule/norm）」が定められた。掟に従う者は「善」であり、それに従わぬ者は

「悪」と定められた。「善」にはご褒美を「悪」には罰が定められた。世の中の善悪の誕生である。

ヒトは人間として「善」に生きよという掟に従い動物としての現実世界の行動を統制＝コントロールし、弱い者でも生き続けることが可能になった。

第2にヒトは神を発明することにより、ヒトの精神世界を統制し人間化を図った。神の始まりは、自然界にあって目には見えぬ存在である。しかし神は全てを見通し、我々を生かしてくれている畏れ多き存在と考えられた。

その神の罰に触れるような行いはしてはならない。そのような行いは「悪」（してはならない、振る舞ってはならないタブー）であり、逆に神に従うことは「善」である、という神の「摂理」が定められた。人間は神を誕生させ、神の絶対的摂理である「善」「悪」を通しヒトの獣性と欲動を抑制し、コミュニティに集う人間の精神の統一を図ったのである。

注意すべきは、神はその神を発明したその人間の神であるということだ。人間の10の集まりがあれば10の神がある。異なる神に対し自らの信じる神は、それを悪として許すことはできない。異教徒である。[4] 異教徒に対しいかなる残虐行為を振るっても、神の教えに従う善行として許される。

かくしてコミュニティの掟と神の摂理は、人間行動の両輪として人間が進むべき方向を示す「善悪」2大行動規範となった。

人間であるためにはこの2大行動規範を身につけた存在であらねばならない。規範あってこそ動物本来の獣性と欲動は抑えられ、ヒトは人間と成りうる。その道を外れた者には現実世界から罰が下されることとなったのである。

モノサシなき社会がいじめを生み出す

規範（norm）という英語の源は、それを対象に当てあっているか否かを判定する物差し＝モノサシ（measure）を表す（以後、「モノサシ」と称する）。「善いことか悪いことか」を測るモノサシである。最終的にはこのモノサシに従って賞罰裁定（sanction）が下される。

賞罰の内、特に罰が下されないよう、どういう行動規範を身につけるべきかを、先に生まれ掟や摂理をわきまえた「大人の視線（監視）」の下、教え育てる営みが始まった。これが家庭、集落、社会、教会や寺院そして近代では学校教育となった。

しかし人間は、根本的に生物学的に動物であることは変わりない。いつ掟や神の摂理を破り、勝手で自己本位なモノサシを振りまわすか分からない。学校でいかに掟や摂理を学んだとしても、この学びが十分体得できなかった、あるいは学んだ掟や摂理やモノサシが子どもや社会そして時代にそぐわなかったとき教育の持つ統制力は失われ、生存の本能に導かれた動物としての行いが表面化してくる。特に家庭や村そして社会の尊重すべき掟、神の摂理の代行業である学校での教えは子どもへの統制力を失う。

最近のようにコミュニティや神そして家族や社会が行うべき教育の代行業者である学校の先生を、子どもも親もその周囲も、「みんな等しい」とみなす時代にあっては、先生の権威は落ち、その説《と》く規範は「馬の耳に念仏」となってしまうことは明らかである。そのうえ獣の産出・育成母体である家族のコントロール力が脆弱化し、場合によっては親自体が幼児化している。

その結果子どもたちは先祖返りし、感じ思うがまま獣のように衝動的に自己を噴出、信じられぬ行動を起こす。そうした子どもたちの抑えられない欲動の一部が今「いじめ」となって噴出しているのである。

現代社会は神なき形式的コミュニティ社会である。

＊ドラム缶殺人事件基礎資料

満員電車とか乗っていて、（ライターの）オイルをポケットからそうっと出して知らない人となまいきそうなおじさんとかの洋服とかにぱっと掛けて、そのおじさんが出るときにライターで火をつけて、知らん顔して洋服とか燃えてるのを見てたり、（ということを）自分はやりました。あとは後輩とかの手にオイルをたらして火をつけてそれで消してみたり（略）……[5]。

2 「獣心」から「いじめ」への人間行動

どういう経路をたどって「獣心」が「いじめ」として現れてくるのか。

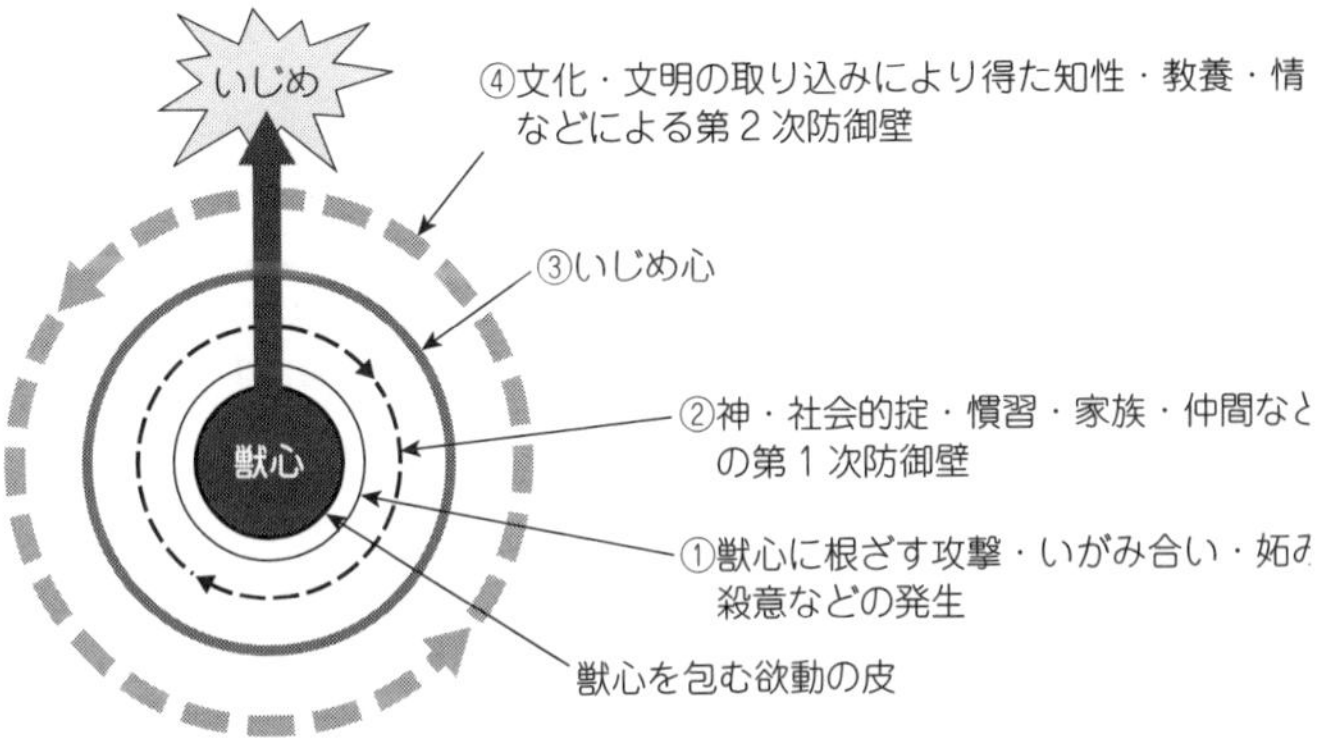

図１　いじめ発現モデル

獣心からいじめへの簡略な経路モデル

獣心と欲動がどういう経路を経ていじめとして発現するのか簡単な模式図（いじめ発現モデル）を描いてみよう。獣心を中核に置く四重の同心円を描く（図１）。

中心に近い①の円は、獣心に根ざす攻撃・いがみ合い・妬み・殺意などの表面を欲動で囲み表した円である。これがいじめ心作りに大きく作用する。

その外側にある②の円は、そうした攻撃やいがみ合いなどを押さえ共同体として均衡を保たせようという神・社会的掟・慣習などを表す「第１次防御壁」である。

この防御壁は時・社会・信じる対象・絆を結びあう対象などによって、変わりにくくはあるが長期的には変化してやまない。

さらに外にある③の円がいじめ心を作り出す。それは②の防御壁がもろに獣心が欲動を突き破って吹き出すことを禁止しただけに、なるべく目に見えぬよう、誰がそのようなことを企んだか分からぬように獣心と欲動を「一般受けする」「許容されやすいよう」にモデルチェンジする。しかし標的である相手をいじめ倒すことが確実にできるようになっている。

最後の一番外側の④の円は、学校を中心とした文化・文明の学習機構に取り込んだ知性・教養・情感・理性などによる「第２次防御壁」を形成する。

この防御壁も壁として固くて強い永遠の壁ではなく、時や社会によって学習内容は常に変化する。理性も時としてあてにならない。

こうしたイメージで「獣心からいじめが発現する」までのさらに詳細な説明をさらに行おう。

獣心からいじめへの詳細記述

獣心からいじめへのルートを以下の①から⑥の順でさらに詳細に述べよう。

① 獣心の誕生

人間がヒトであり獣であるとして振るう暴力そして攻撃。それを突き動かす獣の心（獣心）。いじめの最深部にひそむ獣心とはどのようなものかを検討しよう。

基本検討資料として過去の「獣のような」と報道表現された凶悪事件の中から、１９７１年の連続強姦殺人事件の犯人大久保清、１９７９年の三菱銀行人質立てこもり事件の犯人梅川昭美、１９８１年の深川通り魔殺人事件の犯人川俣軍司の３人を取りあげ、雑誌等から得られたデータを分析資料とし彼らを分析する専門家チームによって鍵言葉を探った。また彼ら凶悪事件犯人の行動が動物行動学的にどの程度の獣性を持っているかを検討する基礎資料として、今泉吉典監修、D・W・マクドナルド編『動物大百科1　食肉類』（平凡社、1986年）を中心とし動物行動学文献を使用した。[6]

結論としてこうした獣と凶悪事件の犯人とを比較検討した結果、[7]凶悪犯罪行動へと駆り立てるヒトの獣心は①冷酷性・②対象識別性・③俊敏性・④利己本位性・⑤蝟《い》集協働行動性・⑥暴虐性・⑦嗜虐性・⑧狡知性・⑨威嚇・恫喝性といった9つの特性（要素）から構成されていると判断された（図2）。

人間の基本は獣《けだもの》であり、その心は獣心である。兇悪事件を働いた直後のヒトに会ってみるがよい。間違いなく獣であることが激しく確認できる。

（1986年殺人事件直後の少年と警察官の会話）
警察官：今晩からここ（留置所）で生活することになる。
少年：ここ風呂ありますか。できれば毎日入りたいナー。嫌なんですよ、毎日入らないと。何かすっきりしなくて。
警察官：……。

獣であることには、男女の別、少年と大人の違い、国籍の違いなどなく等《ひと》しく皆「人間の皮を被ったケモノ」である。可愛い少年の横顔に獣がひそむ。天才画家はそのことを厳しい視線で的確に読み取った（写真）。

ゴヤ（プラド美術館資料）

＊ドラム缶殺人事件基礎資料

（A子さんにジッポオイルをかけて火をつけ、）A子さんが熱がって、自分たちがやったというのはモモなんですけれども、モモにオイルを掛けて火をつけますよね、やっぱり熱がるから、とうぜん消しますよね。1回目はすぐ消えるんです。2回目はなかなか消えないんです。その消えないところをまたたたいているのを見て、熱がる姿を見て笑っていて、その消している手にもオイルをかけて（略）……[8]。

【9つの獣心の説明】

抽出された獣であることの9つの特性（要素）をいじめとの関わりから説明する（図2）。

(ア) 冷酷性は、獲物を手に入れるために、相手の状態に構わず相手の急所を、執拗に狙い引きずり倒す能力の所有を意味する。

(イ) 俊敏性は、運動能力の高さだけでなく、状況の変化に即応して態度を素早く切り替える「移り身・変わり身の早い能力」の所有を意味する。

(ウ)　利己本位性は、自分が生きてゆくことを至上とする生き方と、それを達成する能力の所有を意味する。例えば甘言、虚言、妄言など。

(エ)　蝟《い》集協働行動性は、獲物を手にするために必要なときには、集まり群れて襲いかかる能力を所有していることを意味する。

(オ)　暴虐性は、所有する「物理的力」を加虐的に使い、相手をとことんなぶり傷めるということを平気で行うことのできる能力の所有を意味する。

(カ)　嗜虐性は、その暴力が必用のない状況下においても、楽しみ娯楽として笑いながら暴力を振るうことのできる本能的能力の所有を意味する。

(キ)　狡知性は、獲物を狩るあるいは暴力を楽しむために求められる巧みでずる賢い

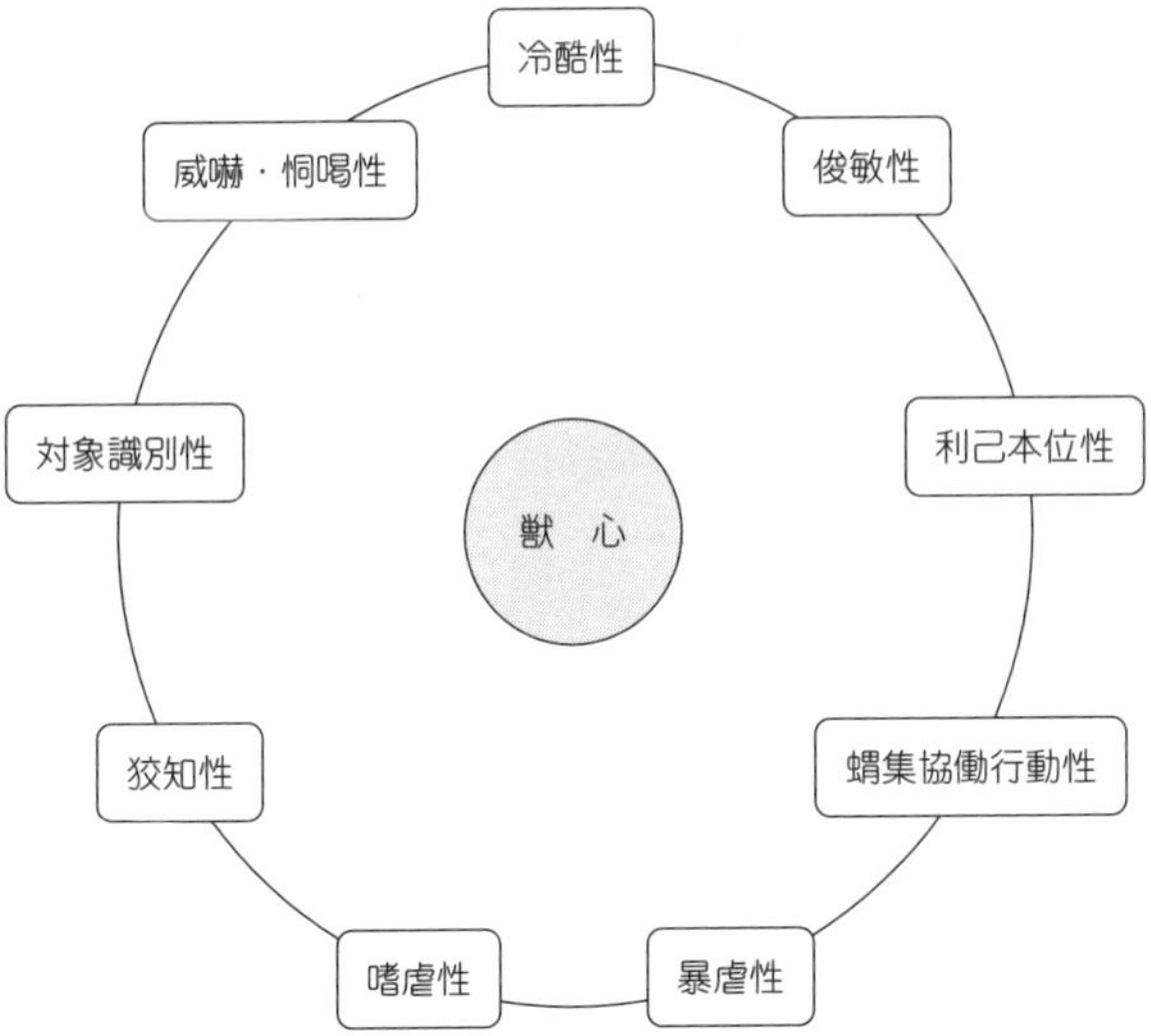

図2　ヒトの獣心の基本構成要素

知恵を本能的に所有することを意味する。

(ク) 対象識別性は、襲う相手が自分より強いか弱いか、襲いにくいか襲いやすいか、襲う場所が適当な所か否か、襲うのに今がチャンスか否か等を判断する識別能力を意味する。

(ケ) 威嚇・恫喝性は、相手よりも強いことを示す、強弱よりも相手を自分の言うがままに支配するための脅しの能力の所有を意味する。

ヒトという皮を被った獣の体内には、これらの心が生まれた瞬間から備わっているのである。備わることによって、動物としてのヒトは生き続ける。

＊ドラム缶殺人事件基礎資料
（そういう熱がり[9]苦しむのを見て）かわいそうだと思っていたんですけれども、おもしろいというほうがさきになっちゃって。

② 獣心から神の摂理・社会的掟による第1の防御壁へ

ヒトの皮を被った獣も生き続けねばならない。獣としてのヒトは、剝き出しの行動エネルギーを絶え間なく脳内に放出する。そのままゆけばまさに獣である。しかし獣であっては、徒手空拳のヒトは生き続けることはできない。そこで獣としての群れではなく仲間としての集まり（コミュニティ）を

いじめ ⇐

		悪意の伝達手法	
		直接的伝達	間接的伝達
非可視的	言葉による支配・隷属・卑下	対話	第3者経由の言葉の伝達
		そしる・強要などの会話の利用	うわさなど流言の利用
可視的	視線による支配・隷属・卑下	直視	無視
		怒りの眼差しなどの利用	視線を合わせない・そらすなどの利用
	態度や身ぶりによる支配・隷属・卑下	対峙	玩弄・翻弄・忌避
		叩く・蹴るなどの態度の利用	余所を向いて嘲笑しあうなどの態度の利用
非可視的	「風《ふう》」による支配・隷属・卑下	何とはなしに感じる居場所のなさ・孤立感	
		感情のこもらない通り一遍の受け答え・自分が加わった途端に会話が消えるなど空気利用	

⇐ 悪　意

相手を支配・隷属・卑下の意思

図3　悪　　意

作り、共に生存すべく努力する。

コミュニティを作るには、他のヒトに同調し仲間意識を醸成する一方で、仲間内の団結や共同行動を守らない者に賞罰を与えることが必用となる。そこで神と社会的掟が考え出された。

神の摂理は、どのような状況どのような矛盾が生じても絶対に従わねばならぬ心の準拠枠である。

社会的掟は、変化する状況や生じる矛盾を調整、濾過、統合しなおかつ仲間内に留めつながりを保ち続けようという社会の現実的準拠枠を形成する。具体的には、社会の慣習や法、特に家族や仲間との**絆**(Bond)として表現される。

剝き出しの本能で行動する獣としてのヒトは、こうした神そして掟や絆が作り出す

表１　獣性と欲動といじめ心

獣心と欲動	冷　酷	俊敏さ	利己本位	蝟　集	暴虐さ
いじめ心	相手の状況にかかわらず弱点を容赦なく叩くいじめ	周囲の状況に合わせ素早く動き，立ち回るいじめ	自分の欲望を充足させるいじめ	獲物に対する群れて襲ういじめ	容赦のない暴力により目的を達成するいじめ

獣心と欲動	嗜虐さ	狡知さ	弱者識別	威嚇・恫喝
いじめ心	戯れいたぶりじらし玩ぶいじめ	ずる賢く隙を狙ういじめ	相手の強弱を嗅ぎ分けるいじめ	相手に恐怖感を抱かせるいじめ

円をくぐり抜け、人の間で生活することのできる人間となる。

この円は回転している。円を構成する神や掟そして絆などは場所、時間、それを作る人々によって違いがあり、また完璧に円で被うこともできず、どこかに大小の穴が所々に開いている。

この回転している円の隙間を獣心は、抜け目なく俊敏そして獣心と悟られぬようスタイルを変えいじめ心となって次の段階に進む。潜り抜けられぬ幾つかの獣心は、ここで跳ね返される。獣心の生の発現を防ぐ、神代から続くフィルターとしての防御壁である。

この第1の防御壁は古くから存在しているために、古くさい、存在することが当然、時によって「またか」とその防御機能がないがしろにされることとなる。その結果は、円の回転が鈍り、隙間からのすり抜けが容易となるという結果を生む。地域や家族、仲間内の人為的災難の原因はここにある。

③　第1の防御壁を乗り越えいじめ心へ

生の獣心を持ち出すことは神を冒瀆し、社会の掟を破戒し、社会的絆を切断する。剝き出しの獣心には厳しい裁きが用意されている。そこで獣心は、時代や社会に適合するよう洗練されより受けの良いスタイルへと変える。それによって獣心を監視し裁きを下す視線から逃れようとする。その変えた一つが「いじめ心」である。

当然、いじめ心は、獣心を反映したものとなっている（表1）。基本はそうされた者を自分や自分の周囲が満足ゆくよう屈服させ隷属させようということである。ここでいじめ心の基本が露わになってくる。冷酷性・威嚇恫喝性・俊敏性・利己本位性・蝟集協働行動性・暴虐性・嗜虐性・狡知性・識別性などの獣心が生みだすいじめ心以外にも、いじめ心は次のような補助的な特性を持っている。

【いじめ心の補助線】

(ア)　極力自分の姿を消す。（匿名志向）

(イ)　噂を流すなどはもちろんのこと、姿その物を消すため落書き、投書（black letter, mail、パソコン上の各種掲示板など）を利用する。権威ある他者、たとえば先生の発言などを利用する。（間接化志向）

(ウ)　獣心発覚に備えた言い訳が用意されている。（責任曖昧化志向）

(エ)　満足を得る対象であれば瞬間的にもなされる。（満足充足志向）

(オ)　被害対象自身の最後にイメージが及ばない。（最終結末へのイメージ欠落）

(カ)　執拗に繰り返され決定的打撃を謀る。（反復志向）

こうした補助特性を持つ獣性としてのいじめ心は、基本的には次のようなスタイルを取って現れてくる。

いじめ心を攻撃という視点から見ると、同調的いじめ心、用具的いじめ心、そして表出的いじめ心[10]に大きく3分類できる。

同調的いじめ心は、基本的にそうせよと命じられ、それに従うことが義務だと思いいじめようとする心である。

用具的いじめ心は、基本的にいじめを必用なものを得るための道具として用いようという心である。

表出的いじめ心は、必用なものを得るといった目的ではなく、いじめを実行すること自体が自分の感情を満足さすためのいじめ心である。

このいじめ心の3分類枠を用いて具体的ないじめ行動をあげると以下のようないじめがあげられる。

同調的いじめ心例としては、遊びとしてのいじめ、いじめの効果を確認するためのいじめ、追従としてのいじめなどがあげられる。

用具的いじめ心例としては、自己顕示のためのいじめ、復讐のためのいじめ、奪取・強要のためのいじめ、自己防御のためのいじめなどがあげられる。

表出的いじめ心例としては、権威確保のためのいじめ、権威否定のためのいじめ、自己顕示のためのいじめ、いじめのためのいじめなどがあげられる。

最終的にいじめ心は、基本の獣心と欲動から発し、その外側に位置する神や地域社会の掟、家族のつながりといった防御壁をすり抜け噴出してくるのである。

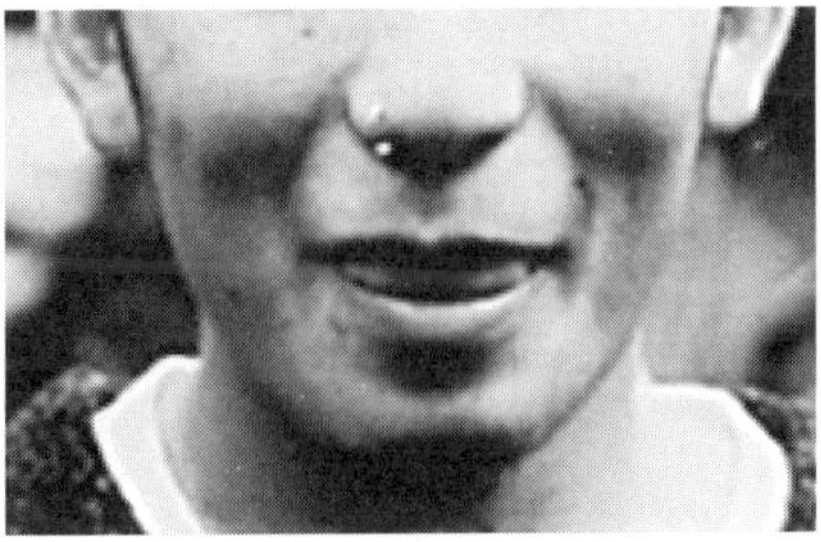

④ いじめ心から第2の防御壁へ

第1の防御壁をすり抜けいじめ心と変身した獣心はさらに現実のいじめとして噴出すべく進んでゆく。その進路途中で第2の防御壁が立ちふさがる。学校を中心とする家庭など周辺環境から学び体得した知性や教養（これらをまとめて「理性」と呼ぼう）・情感・実体験の相互交換などから形成される共感性、共助感、利他性、正義観、道徳観、規範意識、社会的対話力、人を愛し愛される心、問題解決のため大人として対応するための社会的知恵・判断力・解決法の選択力など（これらを集めて「大人力」と呼ぼう）である。

先の第1の防御壁が神や社会の掟などマクロな社会システムであったのに対し、第2の防御壁はミクロな個人が体得した理性や社会的性格によって形成されている。そしてこの第2の防御壁が獣心の噴出を食い止める極めて有効な社会的壁となる。特に先の「大人力」が大きな力となる。

この第2の防御壁は、学校や家庭そして仲間集団などの「人の集まり」によって醸成される。人の集まり＝集団は、当然前の防御壁から影響を受け、壁として機能するための質を左右する。同時にこの壁は、個々人の心を作り、個々人の心は成長発達段階によって大きな違いが生じる。特に最後の大人力は、幼少の家庭から始まり幼稚園、保育所、小学校それも低学年・高学年、そして中学校、高等学校の違いによってその育成法も育成内容も育成に責任を持って携わる人も大きく異なり、その成長や成熟は異なってくる。

もしこの壁が防御に失敗した場合は、社会から「まだ大人ではない」という裁定が下され、成長発達に応じた公的制約が身体に科せられる。

この円も第1の円と同様に回転している。ただ回転の方向は第1の円とは逆に回転し、それだけ第1の円の隙間をくぐり抜けることができても第2の円は潜りぬけ困難となる。しかし第1の円で述べたように、第2の円を構成する素材が劣化あるいは構造上の欠点がある場合、円の穴が大きくなる、壁が崩壊しやすくなるなどして機能不全となる。最終的にこの回転している第2の円の隙間をいじめ心は、その壁の間をすり抜けいじめとして現実世界に噴出するのである。

第2の防御壁について当然のことを述べてきた。しかし防御壁を何のために作るのかが問われることなく、ただ壁を作ろうとしてもそれは有効な壁とはならない。規範意識を作る？　しかし規範意識を作ってどうするというのだ。この最後の「どうする」から逆に、ではこういう規範意識を作りましょう、となるのではないか。

＊ドラム缶殺人事件基礎資料

1日1日がつまらなくて、なんか前勤めていたタイル工場で働いていたときには1日1日が楽しく早く明日になって仕事したいなという気持ちだったんですけど、Tさんの所に働き始めてからは、シンナーすってるときがよくて、O君（共犯者）たちと強姦とかひったくりとか、そういうメチャクチャなことやってるときが「生きてる」というか、変なふうに生き甲斐を感じて来ちゃっているというか[11]。

⑤ 第2の防御壁を乗り越え隠れ第3の防御壁へ

全ての人は逃れようなく獣心と欲動を体内に内包する。防御壁第①も②も十分に機能している。それでもなぜある人はいじめ心をいじめとして噴出し、ある人はそうしないのか。なぜいじめ心を持ってはいても心の内に止め、いじめとしては現さないのか。こうした最後の疑問を追究し解明しない限りいじめの根本的解決はない。

人々の間には意識すればすぐに行動が生じるという思いこみがある。先の簡易モデル図でも獣心から生まれたいじめ心は2つの防御壁をくぐり抜けいじめへと直進している。しかし現実にはそうではない。意識することは行動に直結しない。

そう思ったという心＝意識がそう行動することをうながす、というつなぎ目の間に実はもう一つ目には見えない隠れ第3の防御壁＝いじめの噴出に立ち塞がる仕組みがある。

具体的には、それはいじめを振るう直前に「待て」「嫌だ」「抑えろ」という自らの抑制の心、体内に埋め込まれた生理的自制心である（図4）。

この自制心は危機を回避する本能化あるいは生理化した意識しない仕組みである。決して深い学習

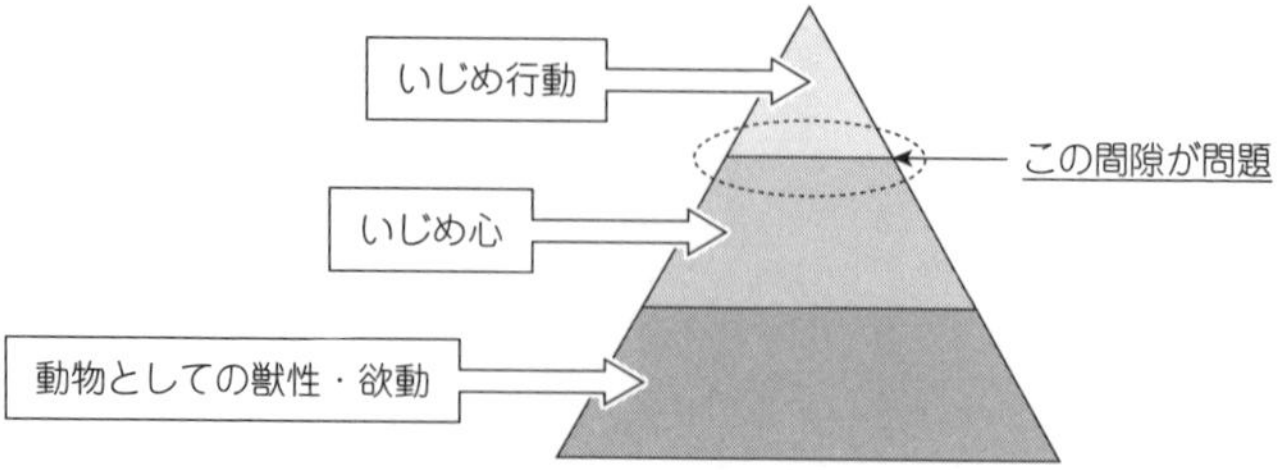

図４　いじめ心といじめ行動のつなぎ目

によって身につけられるものではない。獣の生存本能に基づくものといえる。

この仕組みを体内に埋め込む工夫をしない限り、いじめを働いては「ならない」という良心が形成されたとしても、いじめ心は体＝行動に直結することとなる。

長年刑務所の中で堪え忍んだ天才犯罪者はいう。

（刑事かヤクザの殺し屋のような）そんな目を、自分たちもしたくなったときも何度もありましたよ。[12]（でも）最後の寸前で、ぐぐっと。まあまあというのがありますね。ぐぐっですよ。

ここに掲げた天才的犯罪者のいう「ぐぐっ」は、言い換えれば我慢であり強い自己抑制・自制心を指す。確かに犯罪者や非行少年が、逸脱行動に走るか走らないかの決断の背後に「ぐぐっ」と急ブレーキを踏む心の在りなしが最後に強く作用している。

いじめもそうである。いじめを働こうと意識したその最後に自らの内に本能化生理化された「ぐぐっ」が体内に湧き上がるか否かが、いじめ心といじめを切断する最後の防御壁の有無となる。

⑥ 最後の第3の防御壁からいじめへ

ヒトとしての人間の体内深くにひそむ獣心と欲動は、こうして第1、第2、第3の防御壁をくぐり抜け、いじめとして噴出する。

ほとんど多くの子どもがいじめに走らないのは、第1さらには第2の隙間を越えられず防御壁に跳ね返され、乗り越えられても最後の最後に第3の「理屈では説明できない防御壁」に押し留められた結果である。

第1と第2の防御壁を越えられた子どもたちに最後の本能的生理的な第3の防御壁が体内に埋め込まれておらず、①と②の防御壁の回転周期が偶然にもピタリと合う、さらに壁の材質が劣化し打ち破りやすいならば壁は防御壁としての機能を発揮することができない。そのとき子どもたちは「**ノリ**」や「遊び心」でいともたやすくいじめや暴力攻撃行動に走ることになる。

またもし第1と第2の防御壁が上手く機能し獣心を跳ね返したとしても、まだ第2と第3の隠れた壁の間に現状のままのいじめ心として留まり、噴出を狙って噴き出す機会（隙）をうかがっている。そのときには、幾らいじめが収まっていると診断されても再発の可能性は高い。

章の終わりに

獣としての獣心と欲動そしていじめの発現をまとめてみた。

いじめをなくすことはヒトの根幹である獣性を全く消去することである。それが無理だというのではない。それを消去するべく絶え間なく人間の歴史が続く限り努力しなければならないということを述べたいのである。

獣性は時・場所・人間を選ばず噴出するものと見よう。それを抑えるのは自身の大人力、依存なしの独立を望む自身の生き方、自制力とそれを支える家族を中心とした絆そして「理屈なしの本能的生理的防御壁」の存在である。

いじめを抑え込む筋道が見つかった、これを現実化すべく前に進んでゆかねばならない。

注

（1）獣性（brutality）は英語で残虐性、暴力性などに富んだ「獣のような人」「獣のような行為」と説明される。獣心はその心。www.merriam-webster.com/dictionary (2012)

（2）Fromm, Erich. *The Anatomy of Human Destruction*, 1973.（作田啓一・佐野哲郎共訳『破壊』紀伊國屋書店、1975年）

（3）清永賢二・清永奈穂『犯罪者はどこに目をつけているか』新潮社、2012年

（4）キリスト教者であるスペインの征服者たち（Conquistador）が、16世紀以降、ペルーのインカ帝国やアステカ王国を侵略し、そこでキリスト教を信じない者は人間ではない、単なる動物である、どのように暴虐に殺しても罪には当たらないと定め、アメリカ先住民をキリスト教に教化（人間化）するという大義名分で、喜びをもって大陸固有の偉大な文化・文明を暴虐を持って破壊し、インディオたちを家畜より残忍・冷酷な方法で大量虐殺したかは以下の書に明らかである。

ラス・カサス（染田秀藤訳）『インディアスの破壊についての簡潔な報告』岩波文庫、１９７６年。

（5）「女高生コンクリート詰め殺人戦慄の現場」『文藝春秋』２００1年1月号、原資料。

（6）①デイヴィド・マクファーランド編集（木村武二監訳）『オックスフォード動物行動学事典』どうぶつ社、１９９３年。

②Simpson, J., Weiner, E. eds. *Oxford English Dictionary* (2nd ed.), Oxford: Clarendon Press, 1989.

③今泉忠明『動物行動学入門』ナツメ社、２０１２年。

（7）検討は、最初に事件の犯人を報じる文献中に犯人像をどのような名詞で表したか、その表現が狂暴な動物の行動を表すのに、どの程度共通して使われているかを比較検討した。

（8）前掲「女高生コンクリート詰め殺人戦慄の現場」。

（9）前掲「女高生コンクリート詰め殺人戦慄の現場」。

（10）同調的と用具的いじめ心の分類枠に関しては、注（2）のフロムが『破戒』の中で攻撃の種類を仕分けるのに用いている。本書でも、彼の分類基準に従って進める。

（11）前掲「女高生コンクリート詰め殺人戦慄の現場」。

（12）清永賢二『大泥棒』東洋経済新報社、２０１１年。

暗い水の流れに打たれながら　魚たちのぼってゆく
光ってるのは傷ついてはがれかけた鱗が揺れるから
いっそ水の流れに身を任せ　流れ落ちてしまえば楽なのにね
やせこけて　そんなにやせこけて魚たちのぼってゆく

中島みゆき　作詞作曲「ファイト!」より

第4章　いじめ3層世界を考える

突然深刻ないじめが噴出するものではない。いじめと一言でいじめをくくれるものでもない。いじめには見逃しにできない様々な様相があり段階がある。
本当に問題としなければならないいじめを知るには、いじめ世界の深層にまで潜り込まねばならない。深層だけでなく表層・中層のいじめ世界全体を層ごとに描き出す努力を進めよう。

1　3層世界全体を俯瞰する

いじめ3層世界全体を概略俯瞰した（図1）。この図を説明する基礎資料として①これまでのいじめ事件現場実査[1]、②文科省の調査統計[2]を用いる。

■いじめ加害処理

文科省の平成23（2011）年度調査におけるいじめ実態について公立小・中・高等学校別にいじめ3層の特徴をみてみる。

文科省統計の中でいじめ加害事件はどう処理されているであろうか（表1）。「学級担任や他の教職員が状況を聞いたり指導をする」などした軽い扱いから、学級担任の手から「校長などが指導」そして学校外の「相談所や警察などと連携した」という重い対応へと進んだ件数

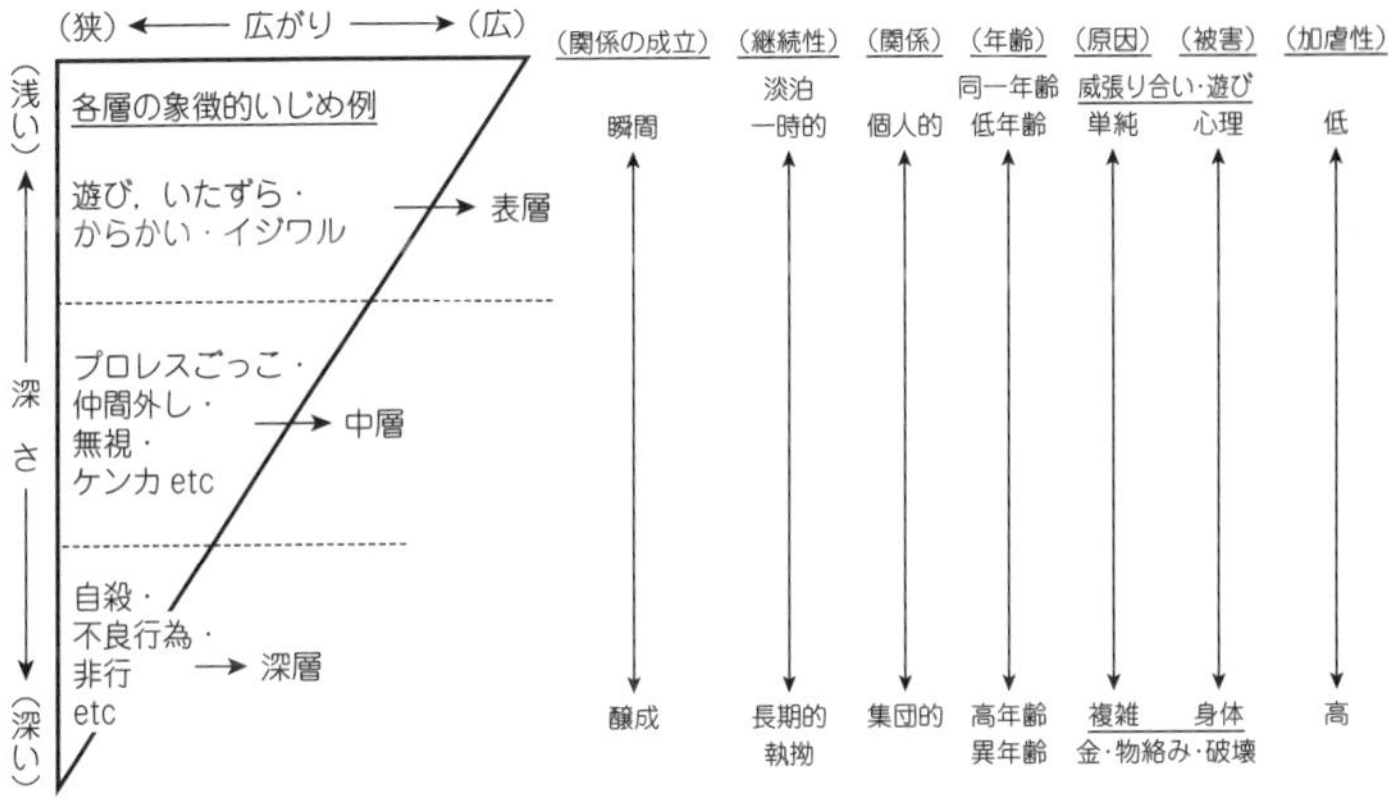

図1　いじめ三層世界

表1　公立学校の種別いじめる児童生徒への対応

		小学校	中学校	小＋中 学校小計	高等学校	全合計
①	学級担任や他の教職員が状況を聞いたり指導をする	53,524 (92.5) (48.9)	49,627 (95.3) (45.3)	103,151 (93.8) (94.2)	6,395 (82.0) (5.8)	109,546 (93.1) (100.0)
②	校長・教頭が指導	4,074 (7.0) (54.5)	1,999 (3.8) (26.9)	6,073 (5.5) (81.8)	1,354 (17.4) (18.2)	7,427 (6.3) (100.0)
③	児童相談所，警察などの関係機関と相談した	247 (0.4) (33.2)	451 (0.9) (60.5)	698 (0.6) (93.7)	47 (0.6) (6.3)	745 (0.6) (100.0)
合　計		57,845 (100.0) (49.1)	52,077 (100.0) (44.2)	109,922 (100.0) (93.4)	7,796 (100.0) (6.6)	117,718 (100.0) (100.0)

注1：①②③の数は多重回答結果。特に①の数値は，「状況を聞いたこと」と「指導をした」調査結果を合計した数値。
注2：（　）内数値の上段は縦計の％，下段は横計の％である。

をまとめてみた。

全体として先生の手から校長を交えそして外部機関と連携という風に、重い対応になるほど件数が少なくなっている。

３つの各対応とも小学校、中学校そして高等学校となるほど件数は少なくなる。小学校が一番多くなる理由は修学年限が6年と長く、児童数が多いことによるとみられる。

注目されるのは①の先生レベルで終わった件数の割合が小学校よりも中学校の方が多い、逆に②の校長など管理職レベルが絡んだ処理は小学校で多くなっていることである。また③の学校外の他機関レベルまで処理を持ち込んだケースは小学校よりも中学校の方が多い。

これらの結果は(ア)小学校も中学校もいじめの9割以上は担任や他の学級や学年の先生たちとのタッグ・マッチレベルですんでいる、(イ)しかし小学校では先生レベルのいじめで一寸手にあまるようないじめは時間を置かず校長などの管理職と話しあいを持ち対応しようとする、(ウ)これに対し中学校では先生たちレベルでなるべく問題を処理しようと努力するが、それが手に負えないいじめと判定されると(エ)校長等と相談し直ちに他機関と対応を検討しようというケースの多いことがうかがえる。そのことは中学校では、それだけ悪質ないじめの多いことがうかがえる。

注目されるのは、③の他機関との対応検討数が、児童数が多く校長等が絡んでくる小学校よりも中学校の方がその件数が遥かに多いことである。全体の中で小学校33パーセントに対し、中学校61パーセントとおよそ2倍にもなる。

高等学校では、先生レベルで対応しようというのは変わらないが、難しいと感じたら校長等管理職レベルに持ち込み、他機関との検討を経ずにそこで処理する、あるいはいじめではなく犯罪として取り扱う傾向のあるのがうかがえる。

数的現実

①〜③までの加害処理がどの位の割合を占めるか、特に最近の状況からみて問題視せねばならない小学校と中学校の義務教育段階における割合をみた。

義務教育段階に占める「学級担任や他の教職員が状況を聞いたり指導をする」処理ですんだのが93・8パーセント、「校長・教頭が指導」の段階まで進んだのが5・5パーセント、最終的な「児童相談所、警察などの関係機関と相談した」のが0・6パーセントであった。

いじめの内で児童相談所や警察との対応協議が必用なほど問題ないじめは僅か1パーセント足らずなのである。それに校長などの管理職が見守る必用があったいじめを含めても6パーセント強にしかすぎない。この傾向は年次を変え2011年度から2012年度の2年間でも大きくは変わらない。

小指の先のほんの小さな傷も、全身の痛みとなる。いじめも表層であろうと中層、深層であろうと子どもの心身に大きな苦しみを生む。同時に児童相談所や警察で扱ういじめ件数が1パーセントにも満たないという現実に触れたとき、現在のマスコミなどにみる社会の対応に冷静さを求めてやまない。

表２　いじめに起因する事件の推移

年	2002	2003	2004	2005	2006	2007	2008	2009	2010	2011
事件数	94	106	161	165	233	201	151	163	133	113

注：警察庁統計

表３　いじめによる事件の罪種別検挙・補導人員（2011年）

	強　姦	強制わいせつ	暴　行	傷　害	暴力行為	恐　喝	器物損壊	強　要	名誉棄損	窃　盗	その他	合　計
総　数	3	25	27	107	17	11	4	4	1	1	14	214
小学生	0	7	5	7								19
中学生	3	18	10	84	16	8	4	4			10	157
高校生			12	16	1	3			1	1	4	38

注：警察庁統計

やっている人には、ぜったいにわからないんだと思います。いじめられた人でなければ、この苦しみがわからないと思います。
（東京都中野区学習塾の作文より
中学二年生男子Ｈ・Ｍ君）

ちなみに警察で公式的に扱った「いじめによる事件数」は２００６年の２３３件がピークとなっている（表２）。検挙・補導人員は、小学生では19人、中学生では一挙に増えて１５７人、高校生は38人であった（表３）。なお２０１３年以降はいじめを警察も積極的に対応しようとする姿勢に転じたので件数も人数も増加するものと思われる。

〈加害処理まとめ〉

小学校では最初は先生でいじめを受け止め処理し、それに問題を感じれば管理職で対応する。それだけ軽いいじめが多い。ただそれでも年間247件ほど他の機関と連携しなければならない問題性の強いいじめが小学校でも起こっている状況があることに注目せねばならない。

これに対し中学校は、ともかく先生レベルでいじめ処理をしようと思い、それでことなくすむ軽いいじめが小学校よりも多い。しかしより悪質化の程度が進んだいじめに対しては、校長等と相談した上でさほどの時間を置かず他の機関と相談し処理する状況がある。その数が中学校でのいじめのおよそ4パーセント、他の処理機関との相談件数中の60パーセントと多くを占める。中学校ではいじめの世界が「いじめ」と「悪質性のかなり高いいじめ」に2分化していることがうかがわれる。

高等学校は、先生レベルで抑えることのできる軽いいじめももちろん多い。しかし程度を越えた悪質度の高いいじめは、他機関などと相談なく自校で即退学などの処理をしているのではないかとみられる。

図示してみると図2のような3層のいじめ世界がおぼろげに描かれる。

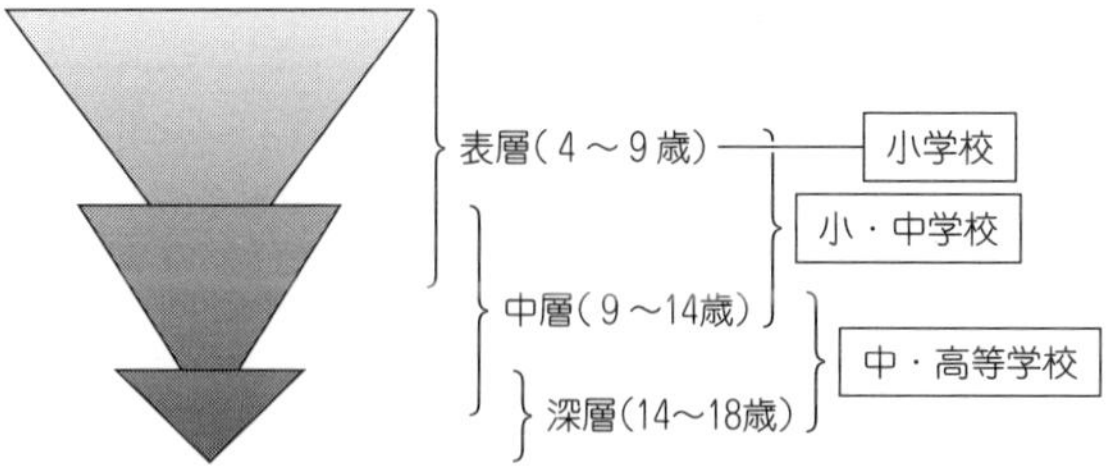

図2　3層いじめ世界と年齢の関わり

表4　公立学校種別いじめの態様

		小学校	中学校	高等学校
①	冷やかしやからかい，悪口や脅し文句，嫌なことを言われる	21,561	19,905	2,865
②	仲間はずれ，集団による無視をされる	7,400	5,302	694
③	軽くぶつかられたり，遊ぶふりをして叩かれたり，蹴られたりする	7,871	5,843	1,007
④	ひどくぶつかられたり，叩かれたり，蹴られたりする	1,978	2,115	409
⑤	金品をたかられる	551	694	252
⑥	金品を隠されたり，盗まれたり，壊されたり，捨てられたりする	2,497	2,332	392
⑦	嫌なことや恥ずかしいこと，危険なことをされたり，させられたりする	2,106	2,055	480
⑧	パソコンや携帯電話で，誹謗中傷や嫌なことをされる	355	1,578	687
⑨	その他	1,288	771	215

注１：数値はいじめのあることが学校で「認知」された件数
注２：①～⑨の数値は多重回答の結果

3層いじめ世界のいじめ態様

いじめ3層は、およそ学校別年齢別により区切ることのできることが分かった。それではいじめ加害の態様はどうなっているであろうか（表4）。

①　小学校は中学校より、冷やかし、悪口、軽くぶつかられる、嫌なことや恥ずかしことなどいじめの量は多いが、ひどくぶつかられたり、金品をたかられたりパソコンを使って誹謗中傷をするなどの悪質ないじめは少なくなる。

②　すなわち先の加害処理で明らかとなった小学校中心の表層のいじめは、冷やかしなど軽いいじめが中心になっていると見られる。

③　なお回答欄の⑥「金品を隠された

り、盗まれたり、壊されたり、捨てられたりする」に関してはダブルバーレルの問題があると見られることから、解釈には重要性を持たせないようにした。[3]

④一部小学校を含む中学校のいじめは、小学校に比べ、同じぶつかられても酷くぶつかられたり、金品をたかられるなどいじめの態様が悪質化している。

　すなわち小学校中・高学年から中学校へかけての中・深層のいじめは悪質性の低いいじめに身体的いじめが加わった非行性の臭いのする悪質性の高いいじめが中心となりつつある。

⑤高等学校では、小・中学校に比べ、「冷やかしやからかい、悪口や脅し、文句、嫌なことを言われる」が最も多くなっているが、その一方で仲間はずれや無視、ぶつかられたり叩かれたり、金品がらみのいじめそして嫌なことや恥ずかしいこと、危険なことをさせられる」といういじめは小・中学校より遙かに少なくなっている。ということは高等学校においては、時として幼稚ないじめやからかい（鞘当て的いじめ）などを振るう大集団グループと、仲間はずれはする、身体に暴力を振るい、金品をむしり盗りはする小集団グループに二分化していると見られる。[4]

最終的に3層のいじめ世界は、態様分析の結果を踏まえると概略図1の説明のようになり、年齢段階別に図2のように3層の図として表現できる。

2 表層いじめを剖検する

3層それぞれ個別に特徴をみてゆこう。

表層いじめの定義は次のようになされている。

> 「表層いじめ」とは、無意識的あるいは意識的に繰り返しなされるからかい、ふざけ、ひやかし、つげ口などを中心に悪質性の低い会話、身ぶり、動き、集まりなどにより、それをされた被害者に心理的不安や動揺を起こさせる、あるいは身体的財産的不利益を半強制的に求める行動（行為）

表層いじめの特徴

表層いじめは、小学校＋中学校の義務教育（以下「義務教育」と呼ぶ）に絞ると年間学校で被害が認知されたいじめのおよそ9割強を占める。いじめのほとんどが表層である。ちなみに全児童・生徒数中から生じる表層いじめの発生件数率を求めるとおよそ1・0パーセントと計算される（前期調査中「平成23年学級担任や他の教職員が状況を聞いたり指導をしたいじめ件数」／「平成20年全国児童・生徒数」）。被害児童・生徒の自己申告にともなういじめ件数を基にした計算であり暗数等の制約があろうが、この程度のものである[5]。

　表層いじめは、量的には最も多いが、同時にその中は一瞬のすれ違いになされるいたずら・からかい・イジワル・悪ふざけ、ひやかし、つげ口などの言語的いじめを中心とした悪質性の低いいじめがほとんどを占める。

　シャボン玉が空中を漂う内に時折ブツカリあい破裂するように、単純な意見の違い、意地や見栄、空威張りの張り合いといったことを背景に、子ども同士が瞬間的に衝突しいじめがなされる。単純で瞬間的怒り、意地や見栄、空威張りの張り合い、考えもない侮蔑的言葉の投げかけといったものが多い。

　しかし、注意しなければならない。子ども社会においては大人並みの気配りが必要とされる。そうでなくては「イモっぽい奴」でしかないし、反動として全員からの敵意のターゲットとなる。ひとりだけあまりに目立ちすぎることは、小さい頃から彼らを取り巻き支配してやまない厳しい競争社会の中では許されない。たとえ表層いじめとはいえ子どもたちの間の「しっと」は、恥じることなくやすやすと「いじめ」に転化する。

　子どもたちの間でいじめの根の深さは感じられない。それだけ解決も容易である。

　ただし表層いじめの多くが低年齢時に生じるだけに保護者の被害者感情は強い。家に泣いて帰った子どもを見て保護者が学校に怒鳴り込むというシーンもこの層のいじめに多く見られる。

事例　ある主婦の目撃例：主婦本人自記

２０１２年１月26日午後３時頃、３歳の幼児を連れて近所の公園に遊びに行ったときのことです。公園に足を踏み入れたとき、私が入った入り口とは反対側の入り口の側にある藤棚のような棚の上（後で高さを測ってみると２・６メートル、幅２メートル強、棚の上は幅30㎝程の鉄骨の格子になっている（写真１））に男の子が立っている姿が目に入った。

この棚の上に立つことはかなり恐いはずである。その棚の下には女の子が６人、男の子が１人集まって「……（聴き取り不可）」とはやし立てていた。

見ていると棚の上の男の子がズボンを脱いでパンツになった。パンツになった男の子は体も小柄で、寒いのにジャンパーも着ておらず、薄汚れた薄いトレーナーを着ていた。

藤棚の下の同級生と思われる男の子は、上の子より頭一ツ背は高く、体格もよい。服装もよく、ダウンのジャンパーを着ていた。

私はその棚の側に行って次のように声を掛けた。

私：あなたたちはなんてことをするの、Ｂ君は何でこんな棚の上でパンツになっているの。（この子の名前は、下の子たちが、名前を呼んではやし立てていたのでＢという名前の子であるということはすぐにわかった。）

あなたたちが……Ｂ君を棚の上に上るように言ったの？

あなたたちは何年生？

女の子Ａ：６年生です。

あの子が勝手に上って勝手にズボンをおろしたんです。

私：あなたたちははやし立てているし、こんな寒い日にあんな高い所でパンツになるのは考えられない。おばさんはこれはいじめだと思うよ。

女の子Ａ：私たちが上らせたんじゃないわよ。そんな証拠はどこにあるの。勝手に上って勝手にズボンをおろしたのよ。

Ｂ君降りなさいよ。危ないわよ。おばさんこういえばいいんですか。

私：Ｂ君早くズボンをはいて降りていらっしゃい。

女の子の前で自分からでも、誰に言われてもパンツ一枚になるような恥ずかしいことはしてはいけないよ。

私がＢ君が棚の上から降りるのを見守っている間に、６年生の女の子はどこかに行ってしまい、４年生の女の子４人と男の子１人は側の広場で「どろけん」のような遊びを始めた。

Ｂ君は棚から降りると棚の下にあるベンチで泣き始めた。しばらく泣いていてその後ベンチにボンヤリ座り遊びには加わらなかった。

しばらく遊んだ４年生の内、女の子４人組は自転車に乗って公園から離れた。体格のよい男の子は

写真１　こんな高所に…

「B帰るぞ」と、言って首に手を回した。仲良く肩を組むという感じではなく羽交い締めとはいかないまでも、私がみている前でも強引に肩に腕を回して連れ去った。

公園を出てからの行動が気にはなったが、幼児を連れていたので3時半頃公園を離れて帰りかけた。

公園からしばらく行った所で、４年生女子４人組とすれ違った。大人をからかうように、「あわわわわ」とはやし立ててすれ違って行った。

自分にも2年生と3年生の孫があり、私自身60歳までは学校に勤めていた経験がある。大人にこれだけの行為をする子どもが、B君に何をしたかの予想は十分にできた。しかし現場を目撃したわけではなく、小さい幼児連れでもあり、これ以上のことはできなかった。

家に帰って、家族とも相談し、学年名前が分かっていたので、子どもたちが通っていると思われる学校に電話をした。担任は会議中で、電話に出た養護教員と話をした。明らかに「いじめの現場と思える」旨を報告した。会議が終わって男性（声の様子から40歳くらいのベテランの先生の印象を受けた）の担任から電話が掛かり、状況を再度報告した。「あした調べてまた報告させていただく」と言うことだった。

翌日の午後4時頃担任から電話があった。

担任：あの子たちは仲良しグループで学校でもよく一緒に遊んでいる。棚の上も自分から上り、ふざけてズボンを自分からおろしたと、本人も周りの友人も言っていた。
私：木登りではなく太い柱の鉄柱は足掛かりもなく1人では登れないと思います。友だちが押し上げたとしか考えられませんが。
担任：B君は運動神経は悪くないので登れたと思います。
私：先生は現場の公園をご存じですか。どんな所に上がったか分かりますか。確かめましたか？
担任：そこに行ったことがありません。
私：学区のなかの遊び場の公園ですよ。行ったことがないのですか。どんな高さのどんな所かも分からないのに、自分から登ったとよく言えますね。
担任：とにかくいじめとかそういうことではないと考えています。お知らせしていただいてありがとうございました。

あまりにも想定された担任の報告にむなしさより笑ってしまった。学校は相変わらずだと思い、このことであの子がまた陰湿ないじめにあっていないかずっと気に掛かっている。

この出来事（先生の対応も含め、これは事件と呼ぶ方が適している）の3ヵ月前。2011年10月滋賀県大津市で1人の中学生が尊い命を自ら絶った。大津いじめ自殺事件の始まりであった。おそらく先生方は、子どもと十分に接する時間もなく、放課後も事務仕事や会議に追われているのではないか。いじめ被害者を対象にしたいじめ調査がどこまで信用できるかの不安がつのった。

〈終〉

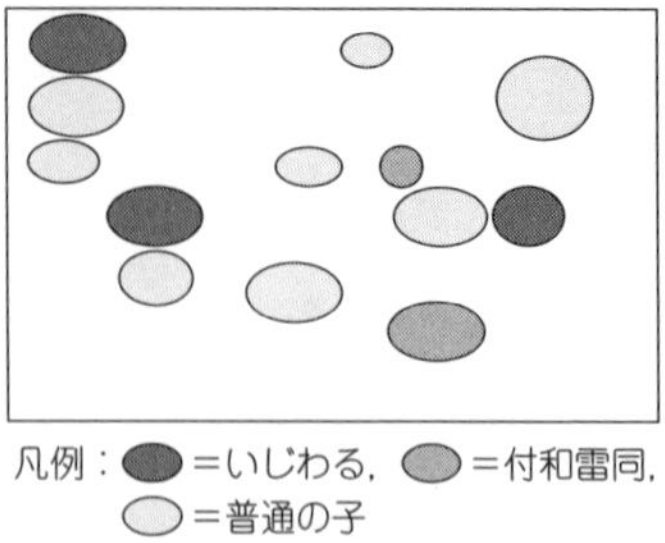

図3　表層いじめ

〈表層いじめの子どもの状態〉

表層のいじめは、4～5歳から始まり9歳頃まで、幼稚園・保育所の年長さんから小学校中学年時までに多くなされる（図2）。場合によっては、砂場遊びをしているよちよち歩きの幼児にも瞬間的に見られる。幼稚園や保育園では「○○くんきらい。ねえ、あっちであそぼ」という声が聞かれる。

いじめの加害者も被害者も多くは、フラフラと浮遊状態（ブラウン運動）で一定空間を行動するし、特定の問題となる子どもを中心とする積極的な「孤立した群れ」作りにまでは到っていない。

ただ表層レベルでも年齢が高くなる8、9歳の子どもでは、自我は強くなり、好き嫌いがはっきりしてくる。似たもの同士による群れ作りも始まる。同時にこの年齢の子どもは身体も一回り大きくなってゆく。それだけに言語的いじめがまだ多くを占めるとはいうものの、数は少ないが身体的いじめ（小競り合いなど）、物理的いじめ（物隠しなど）などが行われるようになる。[6] 次の中層レベルのいじめとも重なってくる。

　一人でゆくと二十人近くの人が待っていました。言っていないことを言ったとか、したとか、色々もんくを言われあげくには、「土下座しろ」「死ね」などと言われました。私はその時、納得がいかなかったので自分なりに言い返し、悲しいというより怒りの方が強く、自分からその場を立ち去りました。翌日も場所を変えて二度ほどありました。結局この件は、向こうから謝ってくるという私には全く理解できない結末を迎えました。

（１９９７年学習塾の作文より　中学二年生女子　Ａ・Ｔさん）

3　中層いじめを剖検する

中層いじめの定義は次のようになされている。

「中層いじめ」とは、加害者の意識的になされる継続的あるいは一過的な悪意を込めた会話、言葉、身ぶり、動き、集まりなどにより、それをなされた被害者が心理的不安や動揺を起こす、あるいは身体的財産的不利益を半強制的に求められる行動（行為）

中層いじめの特徴

義務教育段階に絞ると年間学校で被害が認知されたいじめのおよそ5パーセント前後を占めると推

測される。ちなみに全児童・生徒数中から生じる中層いじめの発生件数率を求めるとおよそ0・06パーセントと計算される（前記調査中「平成23年校長・教頭が指導したいじめ件数」／「平成20年全国児童・生徒数」）。表層いじめと同様な制約があろうが、このようなものである。子どもの周りの大人たちは「またいじめ」ということに動揺する気持ちは分かるが、年間この程度の発生でしかないということに注目しておかねばならない。

中層いじめは9歳頃から始まり、14歳の中学校2年生頃まで続く。したがって中層の上部は表層、下部は深層と被《かぶ》る。

中層のいじめは表層よりも量的には少なくなるが、質的には悪質度が高くなる。背景にはいじめ加害少年の年齢が高くなるだけいじめも深化する一方で長期化、集団化してゆく。

いじめの様相は、子どもの胸にダメージを与える辛辣で容赦のない言語的ないじめが不作法に表現される。たとえばこの時期の性の問題と絡めて「やーいすけべ」「○○は＊＊子に惚れてるぞ」などのからかい言葉が飛び交う。加えてプロレスごっこ風喧嘩やいたぶりなどの身体的いじめ、さらには学級全員で目にみえない無言のバリア（壁）を張る無視（人間関係から言葉を消去することで言葉を使用する）やハブ（仲間外し）、金品の強要などの物理的いじめが加わってくる。そのいじめの周辺では、いじめが発端となった登校拒否、不良行為[7]や自殺のほのめかしの頻発（「ほのめかし」であってほとんどは実行されない）や非行なども目に留まるようになる。発達途上の子どもの低レベルな集団攻撃行動もなされる。

いじめの仕方（モード）も匿名化・間接化を強めてゆく。加害少年と被害少年が向き合った状況・関係の中で悪意を含んだ言葉やしぐさのやり取りが直接剝き出しになされる。それだけでなく「俺はそうは思わないけど、誰それがお前のことをこう言っているというのを誰それから聞いた」という間接の上に間接を加えた噂話し的表現で悪意を伝えるいじめもなされるようになる。場合により上の文章の「誰それ」は権威を持った存在、例えば先生やそれに匹敵する存在、力が強く支配力の強い者、クラスのアイドルあるいは一般性を強め「みんながそういってる」などと表現される。

またさらに狭い閉じた集団で集団内の地位の上下を決める存在（先生など）が、うかつで不用心な個人評価・情報・親密な言語や態度を漏らし示すことで、その評価や情報などが権威を持っていじめに使われることになる場合も多い。たとえば１９８６年の中野富士見丘の葬式ごっこいじめ事件で生じたのが、こうした権威利用のいじめであった。

かつて「〇〇子、あんたは先生から依《え》怙《こ》贔《ひい》屓《き》されいい気になり過ぎる」と言われ校舎の裏で集団で取り巻かれ身体的いじめを受けているシーンが日常的に見受けられたものである。

いじめという悪意を噴きつけようと思う者は、利用できるあらゆる物、あらゆる存在、あらゆる場、あらゆる現在と過去を利用し、剝き出しあるいは親切ごかしに平静な態度で直接あるいは間接的に挑み掛かってくると心得ておかねばならない。例外は存在しない。いじめとはそういうものである。

ともかく中層では、いじめに関して言われる一般的な特徴が出そろう。

①いじめの輪郭が曖《あい》昧《まい》だ。何がいじめか分からないという非規則性

② いじめはすぐに別種ないじめになっているという転様性

③ いじめを囲む子どもの関係が曖昧だ。加害者が被害者化し被害者が加害者化するという地位の可逆性

④ いじめの産出母体と産出過程が曖昧だ。何がどういった経路でいじめを生み出したか分からないという原因の不透明性

⑤ だから誰がどうやっていじめを止めたらよいか分からないという有責性の拡散

量もほどほどにある中層のいじめこそが「ワルイと評されるいじめ」を代表するとみてよい。

実際子どもたちの人間関係の中で行われている中層のいじめを詳細に眺めてみると、年上―同年―年下に限らず、わずかな傷の故にいじめられっ子とラベルを貼られた、自分より弱いとわかっている相手に、悪意を持った個人または集団で、心だけでなく体に対しても、かわいそうだとも思わず、むしろ苦しむのを楽しみながら、いたぶり襲いかかっている。

相手は弱い、相手は苦しむだろう、と分かっていて楽しみながらいじめる。そのような残酷ないじめが中層の時期に芽生え培われ、生涯のいじめ手口となる。さらにこの培われた残酷さの上に、先に述べた地位の可逆性（誰でもいじめられっ子いじめっ子になり得る、といった恐ろしい状況）などが絡まり、中層いじめの独特な世界が作り上げられてゆく。

〈子どもの状態〉

子どもたちの集団（群れ）は、いじめが表層から中層へと移るに連れ、徐々に2分化し始める。一方の群れでは相変わらずの表層いじめが遊びからかい半分でなされ、他方では「あの子たちは、私たちと違う」といういじめがなされるようになる。いじめは2群に分かれる（図４）。

2群内の積極的攻撃的そして非行の様相をおびたいじめに関わる群れの中心には、粗暴性に富んだリーダー的子どもが育ち、群れを統括し、新参者を呼び込み始める。ここに深層期のいじめ集団の芽生えがある。他の群れは、そうした群れからなるべく距離を置いて生活しようとする。

2群に共通した子どもたちの多くは、親密な交友関係を結ぶ学級を核とし、時に学級連合、学年連合を結びいじめに関わる。時として行動圏の広がりを背景に学校連合、遊び場連合でいじめを働くこともある。

積極的攻撃的そして非行性をおびたいじめを働く群れの中を詳細に観察すると、いじめっ子、いじめられっ子、観衆、傍観者といった同心円状の4層構造になっている[8]（図５）。しかし集団攻撃という視点から見ると、必ずしも同心円ではない[9]。円の軌跡の上にいじめっ子以下の小円が並べられている。

その小円が軌跡上を絶え間なくグルグルと相互作用を営みながら回転し、その途中で運の悪い子どもが、観衆であろうと傍観者であろうと新参者であろうと、パクッといじめっ子の餌食になる（図５）。この円が回転し続ける中でいじめっ子自身が回転し始め、ある時パクッと他の子どもの餌食となる光景さえ生まれてくる。
いじめの集団構造は固定した役割の下になされるものではないのである。

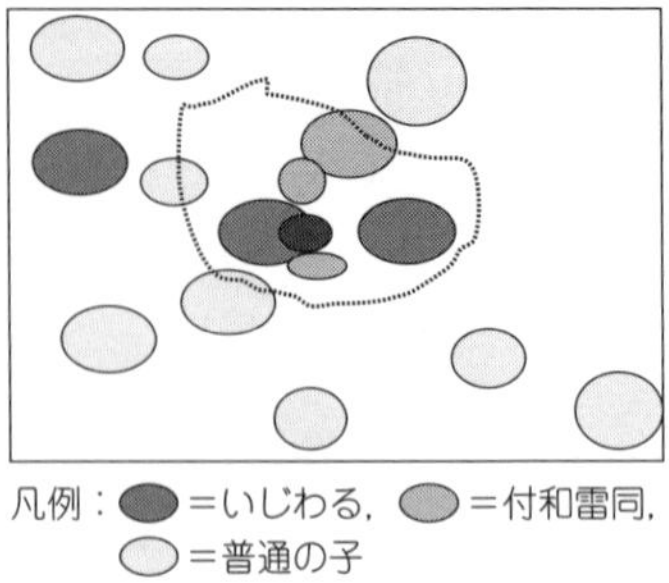

図4　中層いじめ

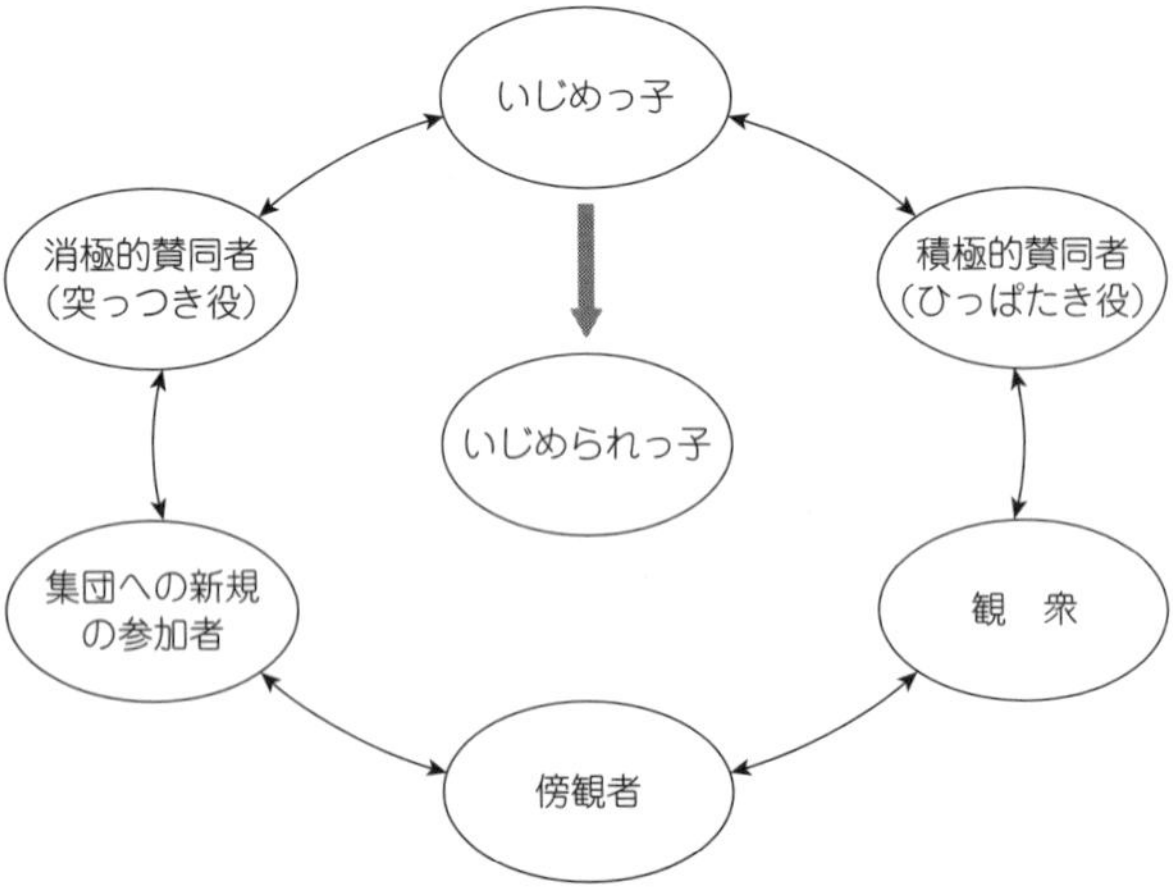

図5　攻撃的いじめ集団の構造

小六のとき私の友だちがいじめられました。……。私はいじめられていた子とすごく仲良しだったから、私もいじめられました。（中略）。

今、私と私をいじめた子は同じ中学です。……。私をいじめた子は中学校で逆にいじめられています。私はいじめられる側から、いじめを見ている側になりました。かわいそうと思うけど、私は小六の時あの子にいじめられたんだぁと思うと助けたいとも思いません。

（学習塾の作文より　中学2年生女子）

4　深層いじめを剖検する

深層いじめの定義は次のようになされている。

「深層いじめ」とは、場合によっては集団化した加害者による悪意を込めた抗しがたい嚇しや暴力を背景に被害者に強い心理的不安や動揺を起こさす、あるいは不本意な不良交遊関係への参加、金品要求、暴力行為、違法行為への参加などを強制・半強制的に求める行動（行為）

深層いじめの特徴

義務教育段階に絞ると年間学校で被害が認知されたいじめのおよそ1パーセントに満たない割合を占めると推測される。ちなみに全児童・生徒数中から生じる深層いじめの発生件数率を求めるとおよそ０・０１パーセントと計算される（前記調査中「平成23年校長・教頭が指導したいじめ件数」／「平成20年全国児童・生徒数」）。中層いじめと同様な制約があろうが、このような割合でしかない発生である。

この深層いじめは、件数は全国で年間７００件弱と少なく発生も稀であるが、絶対に「またいじめ」あるいは「いじめだ」という気持ちで処理してはならない。他の表層や中層のいじめとは質的に全く異なる。深層いじめをどう扱うかがいじめ対策のキーであるといってよい。

深層いじめは14歳前後から18歳頃、さらにはそれを越えて一生続く可能性を持つ。深層いじめの低部は中層と被《かぶ》る。

深層のいじめは、いじめの広がり（量の多さ）は狭くなり、その一方で質は極度に悪化する。深層いじめは、いじめと曖昧な扱いをするより、公的に非行や犯罪の対象となるべき行為である。

深層いじめでは、表層から中層の心理的にダメージを与える言語的ないじめから身体的いじめ、物理的いじめなどあらゆるいじめが集団的攻撃行動として現れる。その攻撃行動は、野獣の獣心と欲動を剥き出しにした高レベルの集団攻撃である。

■深層いじめの様相

深層の世界でも中層で認められた群化がさらに進み、大きく2群に分化し固定する。一群のいじめは、表層でも中層でもみられる遊び的で幼稚さを伴ったいじめである。しかしもう一つの群によるいじめは、周囲から切り離され独自の動きをする。攻撃性と非行性に富んだ群である。深層世界のいじめを代表する群である。

これら2群の少年たちが共同して棲まう学級を天井から俯瞰すると、深層を代表するグループと、そのグループの周辺にあってバラバラに浮遊しながら、距離を取り接触しないように努めているグループの分かれていることが分かる。深層のグループを囲むように、もう一つの外側のグループが、目に見えない「なるべくなら関わりたくない」という心理的バリアーを張り巡らし、内から外への滲出を阻止している（図6）。

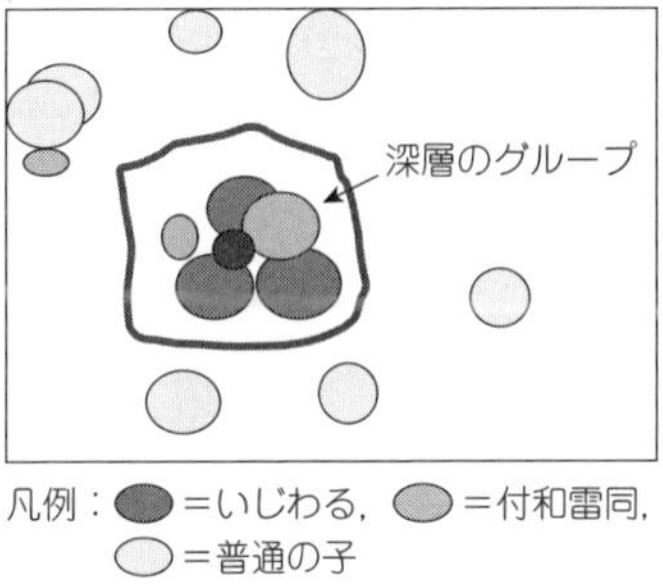

図6　深層のグループ

この深層中の深層でなされるいじめの内容を具体的にみると、金品の強要（脅迫、恐喝）、ふざけを装ったリンチ（暴行や傷害）、飲酒、怠学、授業中にもかかわらず学校付近のたばこ屋へのタバコ買い、殴り合いなどの粗暴行為（暴行・傷害）、無断外泊、深夜徘徊、怠学、蝟《い》集、座り込みなどが多くを占める。明らかにいじめというよりも警察の補導・検挙対象である不良行為であり場合によっては非行行為に外ならない。

深層いじめの詳細な内部の仕組みは、そこでなされるいじめの重大性から考え、後の第5章で詳述する。

事例　ある福岡在住主婦からの電話相談記

先生、一寸、相談したいんだけど。

家《うち》の長男坊、今中学3年だけど、すごく悩んでんです。学校行きたくないって。

というのは、学級で体育の授業のとき、教室に脱いで置いていた他の子どもの服からお金が抜き取られたの。大騒ぎになって、犯人探したけど見つからなかった。でも家《うち》の子がたまたま盗むのを見ていたんですって。でも、その子（盗んだ子）は学年のボスで、物置に呼ばれて「ばらしたらどうなるか分かってるだろうな。黙ってろよ。」と言われた。

もう半年で中学から高校にゆくんで関係が無くなるだろけど、でも、その間、だまり続けなくちゃいけない、しゃべったら「いじめ」とかリンチされるし、どうなるか分からない。とても苦しいっていうんです。

（２００７年９月　福岡県中学3年生男子の母親から）

深層いじめへの層間移動

怖い深層いじめへ子どもはいかに落ちるのであろうか。

今日のいじめの大多数は、表層レベルで発生している。低年齢から個と個の間で日常的偶発的に生じる遊び的なつつきあいのいじめをベースとする表層いじめは、人間が獣性に根を持つ存在であることの証である。

表層レベルのいじめは、やがて子どもの心身の成長・成熟が進むに連れ中層へ自然に「ストーン」と落ちる。また抑止となる防御壁が第1も第2もそして最後の第3の自制心という防御壁も、それを築こうとする周囲の努力も不十分であったとき、「ジリジリ」と中層に落ち深化してゆく。子どもの成長・成熟という視点からみると、この表層から中層への深化も「大人になること」として自然なことと受けとめねばならない。

中層レベルのいじめは、いじめのやり方（モード）も巧妙化し種類も多様複雑化する。ある意味それも子どもが大人になり知恵をつけてゆく道筋ともみえる。いじめの打撃は大きく強い。本人だけでなく多くの先生や保護者は、いじめがこのレベルにいたって悩む。救われることは、この中層レベルのいじめは、その中のある一部を除いて、周囲や本人の強い努力で、場合によって時間は必要かもしれないが、確実にいじめを止めることができる、ということである。

ただ、現実になされている子どもたちのいじめを観察すると、表層レベルでのいじめは中層レベルにまで「ストーン」と落ちるが、さらに進んで深層レベルに「ドーン」と一挙に落ちることはない。深層にまでいたらず中層レベルで周囲の働きと本人の自覚でストップする。

逆にいえば、深層レベルにまでいたるいじめは、多くの場合いじめの動機や様式、いじめっ子－いじめられっ子の人的構成、彼らの出身家庭の状況や学校生活等に表層・中層レベルのいじめの場合と大きな差異が存在し、両者の間には質的な連続性が認められない。深層でのいじめもそこでいじめを

働く子どもも、表層や中層でとどまる子どもとは質的に異なっている。

深層レベルのいじめは、いじめる方に非行性を帯びた者が多い。そうした少年が集まって群れを作る。その群れの中の力の弱い少年や集団外のわずかな傷を持つ少年に対し、ボス的な力や知恵のある少年が中心となって、巧妙かつ執拗に悪ふざけを仕掛ける。あるいは集団から逃れられないよう暴力をふるう（第5章に詳述）。

もちろん、表層や中層レベルのいじめから、一挙に深層レベルのいじめにまで進行する状況も極めて稀にはありうる。その場合は、そのいじめに関わったいじめっ子やいじめられっ子の家庭や学校生活などで、目に見えて大きな変化が生じている。

そうした極めて稀な表層・中層レベルから深層いじめの世界に「ドーン」と落ちる子どもに共通し目に留まるのは次のような変化だ。

① 生活時間が変わる。朝ぐずぐずする。夜ふかしが多くなる。昼の時間の出来事をあまり喋らなくなる。

② 友人関係が変わる。知らない友人からの呼び出しや携帯電話が頻繁に鳴るようになる。新しい友人ができたようなのに紹介にタメライがある。

③ 行動が変わる。大人から見て高く評価できない友人との行動が多くなる。繁華街での徘徊、特に夜の徘徊が多くなる。

④服装が変わる。服の着方や靴の履き方がルーズになる。見たこともない若者スタイルの服を着ていることが多くなる。

⑤お金の使い方が粗くなる。小遣いを頻繁に求めるようになる。小遣いでは買えない服や身のまわり品等を所持している。それらをどのようにして得たかを聞いても曖昧ににごす。

⑥学業成績が振るわなくなる。将来の希望を語らなくなる。怠学が多くなる。

⑦家族との団らんが少なくなる。避けるようになる。

こうした変化が深層レベルのいじめに関わっているか否かの、一つの目安《めやす》となる。

深層から中層への可逆的移動は、ほとんどといってよいほど見られない。もしあるとすれば、本人の強い反省、周囲の強固な指導そして将来の夢や進路が明確具体的になることがあってのこととなる。

章の終わりに

「いじめ」と一言でくくってはならない。いじめの世界は多様多面に生成変化するものである。いじめは少なくとも3層から成り立っている。

特に問題視せねばならないのは深層世界のいじめである。この層のいじめがいじめ全体を代表するものと扱われる。それによってとにかくいじめは「絶対起こしてはならない」とされる。その結果、子どもの人間関係は円やかになり、笑顔満杯の子ども大人が校庭を走りまわる。反対に個性的なつきあい、個性的な子どもははじき飛ばされ消えてゆく。本当にこのような子ども世界でよいのか。世界に向かって通用してゆけるのか。生きるエネルギーに満ちた子どもは育つのか。

今いじめられ経験を積極的に拾い上げようとしている。このことは正しいのか。ヒヨッとすると我々は子どもたちの間に「ちくり社会」を築きつつあるのではないか。それは子どもたちだけでなく我々大人にも及び、知らぬ間に「誰が喋るか分からない」相互不信の柔らかい監視社会へと導いてゆくのではないか。いじめは行き着く先、我々の文化をも変えてゆくことになりかねない。獣性に基づき表層と中層のいじめが生みだされることはしょうがない。それが大人になるということでもある。

大切なことは「絶対許してはならない」深層いじめとそうでない表層と中層いじめを識別することだ。そのためにはさらに深層いじめの暗闇を強く照らし出す努力がなされなければならない。

注

(1) いじめ部会委員長小林登「いじめられ少年の特性」(臨時教育審議会資料)、1986年。

(2) 文部科学省初等中等教育局児童生徒課「平成23年度『児童生徒の問題行動等生徒指導上の諸問題に関する調査』について」。

(3) 金と物の処理、「盗む」「捨てる」は同列には考えられない行動であり、2つ同時にダブって回答が得られた可能性がある(ダブルバーレルの問題)ことから解釈としては重要視しないこととした。

(4) 2種の資料を採用した。

資料ａ・年齢段階に応じたいじめの3層変化に関しては、極端な描き方ではあるが、半ドキュメンタリー小説で映画化もされ、多くの若者たちの間で共感を持たれてヒットした中場利一『岸和田少年愚連隊』（シリーズ本）、講談社文庫、２００５年、に描かれている。

資料ｂ・和田慎二『実録高校生事件ファイル』（共栄書房、２０１２年）においては深層レベルの状況が描かれている。

（5）表層レベルのいじめ状況を丁寧に解析し、それへの対応を説いた本として原田正文『いじめる子どもの心が判る本』講談社、２００８年、がある。

（6）１９９７年6月、生涯学習センター講義時、専業主婦51歳調査票調査より。

（7）「不良行為」とは少年法で定めた非行少年ではないが、警察庁が少年活動規則で定めた補導対象となる行為をいう。具体的には飲酒、喫煙、薬物乱用、粗暴行為、金品不正要求、金品持ちだし、刃物等所持、性的いたずら、暴走行為、家出、無断外泊、深夜徘徊、怠学、不健全性的行為、不良交友、不健全娯楽、その他（例　火遊び、落書き、無断立ち入り、蝟集、座り込み、有害図書携帯、生セラ等利用、盛り場徘徊など）が補導対象行為として掲げられている。

（8）森田洋司・清永賢二『いじめ～教室の病～』（金子書房、１９８６年）。

（9）Goldstein, Arnold, *The Psychology of Group Aggression*, John Wiley & Sons. 2002.

薄情もんが田舎の町に　あと足で砂ばかけるって言われてさ
出てくならおまえの身内も住めんようにしちゃるって言われてさ
うっかり燃やしたことにしてやっぱり燃やせんかったこの切符
あんたに送るけん持っとってよ　滲んだ文字　東京ゆき

中島みゆき　作詞作曲「ファイト！」より

第5章　深層いじめ世界の暗部を考える

言葉「いじめ」でイメージされる獣心に基づくいじめの代表的いじめである。いじめと呼びたくない最悪のいじめである。いじめを読み解くのにこれまで多くの人が読み間違いをしたいじめである。深層いじめの内部を剖検しよう。

1 深層いじめ

深層いじめの俯瞰像

年間認知される1%にも満たない深層レベルのいじめは、獣性と非行性に支配される。第3章に見た獣としての特徴、冷酷であること・対象識別的であること・俊敏であること・利己的であること・蝟《い》集すること・暴虐的であること・嗜虐的であること・狡知的であること・威嚇・恫喝的あることの全てであるいはこの一部、さらには状況により突然泡が水中より出現してくるように噴出してくる。

深層いじめの少年たちは群れを作り、その群れの中の力の弱い少年や集団外のわずかな傷を持つ少年たちに対し、ボス的な力や知恵のある少年が中心となって、巧妙かつ執拗に悪ふざけを仕掛ける、あるいは集団から逃れられないよう暴力をふるう。

深層いじめの一つの特徴は、言葉や心さらには身体にまで巧妙かつ執拗に入り込みいじめが行われる、という点にある。

深層いじめのほとんどは中層いじめに芽生え成長し、深層で熟成開花する。もちろん、一挙に深層レベルのいじめに深化する事例も稀にはある。その場合は、そのいじめに関わったいじめっ子やいじめられっ子の家庭や学校等での生活にまず大きな変化が生じている。前兆があるのである。

いじめ事件事例

事件概要。平成2年、東京都S区S中学校3年の男子少年A、Bは、中学校に入学した2学期頃から突っ張り、校内を徘徊するようになった。

A、Bらは、小学校が同じであった甲、乙、丙、丁等の少年を遊びグループに引き入れ、子分として1年2学期から2年3学期までの間、⑴使い走り（ジュース、タバコ等の買い出し）、⑵金集め、⑶遊びの強要等をくり返し、生意気な態度、遊び等をことわった場合、学校の廊下や屋上等で殴る、蹴るの暴行をくり返していた。耐え切れなくなった甲が警察に通報し、警察は、A、Bを暴行、傷害、恐喝事件として書類送致すると同時に、この事件をいじめ事件として認定した。なお、主犯格のA少年には、過去に深夜徘徊で補導された経歴が2回あった。

◎加害者Aの意見

人間は、いじめたり、いじめられたりして強くなるから、いじめは少しくらいあった方がよい。弱いものいじめがいつも悪いとはかぎらない。自分は、のろまでトンマな子を見ると、「一緒にからかってみるか」と思う。

◎加害者Ａの親の意見

自分の子どもは、いじめっ子タイプではないと思う。いじめられっ子にも責任がある。こんどのことは知らなかった。

深層いじめと非行

いじめは、「いじめ」として法に定義されていない（２０１３年1月現在）だけで、その行動自体は広い意味での逸脱行動である。逸脱とは、社会が求めるあるべき道に外れた行いである。いじめも明らかに道に外れた子どもの行動である。いじめだけでなく、道に外れた行いには法を冒したあるいは法に触れる行いがある。非行である。非行とは社会の規範（モノサシ）、特に法規範から逸脱した行動である。

いじめと非行。どちらも「逸脱」では同じ根っこから生えてくる。しかしよく見ると大きな違いがある。

非行は明らかに財産や身体・生命に直接損害を与え公的に罰を受ける行動である。それに対し、いじめは、基本的に悪意に基づく言動により、客観的に証明しづらい「心」に害を与える「隠れ非行的な行動」である。このいじめは場合によって身体や生命そして物にも害を及ぼす。しかしその場合でも身体や物の害に先立って「心」に害を与えようと目論まれている。

いじめ3層の最深部の深層いじめは、大胆にいうなら、学校関係者を中心に「非行」とラベルを貼ることにためらいあるいは罪の意識を抱くことにより「いじめ」と呼び、問題を先送りしようとした結果である。保護者も「非行少年の親」とラベルを貼られるよりも「いじめ少年」と呼ばれることの方がまだよいと思っている。しかし深層いじめの実態は、「心」だけでなく財産や身体さらに生命に大きな損害を及ぼしていることは事実である。深層いじめの世界は、いじめと非行が同居する世界である。

深層いじめの扱い

深層いじめの扱いについて理想を述べておこう。

教育の世界も深層いじめの実態と対峙し、事実は事実としていじめ最深部の出来事に関し毅然として他機関、特に警察と共同の上に対応すべきである。その上でそうした子どもたちを法執行機関に任せて終わりでなく、自分たち教育に携わる者が何をなすべきか、たとえば矯正教育を実質学校教育の場の外に置いている現状を「自分たちがこうした大人になり得なかった子どもを育ててしまった」という思いで再度教え育てる。

学校教育は、深層いじめの子どもを「育て直し」せねばならない。それが職業として給与をもらい子どもの教育を行っている先生たちの義務と責任である。それができない学校は、丸ごと研修を義務づけるべきだ。

保護者も同様である。保護者も、深層いじめの子どもが「育て直し教育」を受けている間は親業失格者として「親業再履修教育」を義務づけるべきである。子どものままの大人が親になり、子どもを教育しいじめや非行に走らせるという病理的循環があるのではないか。

子どもたちの巧妙な振る舞いにまどわされ学校は保護者に、保護者は学校に責任を転嫁してはならない。

2 深層いじめにおける黒の小集団構造

いじめ3層の世界で、その最深部の深層いじめは非行や犯罪、自殺の問題に強く関わっている。ほんの微少な集団であるがいじめの悲劇はここに集約されている。小集団のダイナミックな動きの中からいじめ事件、暴行・傷害さらには殺人、自殺などが生みだされてくる。

こうしたいじめの深部に広がる暗部に踏み込んだいじめ追究はこれまでなされたことはほとんどなかった。

■暗闇に潜む者たちと向きあう

深層いじめの世界は、いじめ加害による悪意に基づく暴行・傷害、場合によっては殺人、金銭強要という恐喝などなど、様々な不良行為に満ちている。こうしたいじめ加害行為だけでなく、逆にいじめ被害少年がもたらす復讐としての暴行や傷害も多く目にする。

著者自身特に1970年から2000年代にかけ社会に戦慄をもたらした未遂も含むいじめ事件（以後「いじめ事件」と呼ぶ）のほとんどに向きあった。そうすることが職業であったということもさりながら、現場に立たずにいじめを語れないという本能がそう駆り立てた。

＊ドラム缶殺人事件資料

弁護士：その日に君（誘拐犯人）が警察官役になってH君（同犯人）がお母さん役になってA子さん（少年たちに誘拐された被害者）に（被害者の家に）帰ったら何て言うか練習させてますよね。

犯人B：何回か練習というかO君（準主犯）が何か練習というかお母さん役とかH君じゃなくてO君がやってました。（略）……。

　その練習はいじめの練習であって、本当に（家に）帰す目的をそういうふうにいったんじゃなくて、ただ言葉のいじめでそういうことを言ったんです。だから（家に）帰すという目的はなかったんです。その時は[1]。

①真っ黒の3パーセントの少年たち

知り得たことは、多くの事件に共通して、深層に覃み棲まう小集団のあること、その中心に集団の羅針盤として向かう方向を示し群れを統制し制御する獣心を備えた少年の存在があることが分かった。「真っ黒の少年」たちである。

彼ら真っ黒の少年たちは、そのことは必ずしも彼らの学業成績の高さに結びついてはいないが、知的水準は高く、獣性に満ちただけでなく非行や不良行為を働くときにどうすればよいかの経験知（以下、この知のことを「非行知」と呼ぶ）に富んでいた。さらにその上リーダーとして群れが散らばらないための統率力に優れ、しかし同時に極力人目につくいじめ事件の現場にはしゃしゃり出ない奥ゆかしさ、などという処罰対象から逃れるテクニックを有していた。

この真っ黒の少年たちは、同じ年に生まれた男子少年が100人いるとすると、およそ2～4人（パーセント）ほどの割合を占めているとみられる[2]。1クラス40人の学級構成で、その内男子が20人を占めていると仮定すると、3クラスにまたがって1人いるか否かの存在と計算される。

クラスをまたがった少年。この少年が深層いじめの深奥に身を潜め鎮座しているのである。クラスをまたがることで、残酷で悲惨ないじめ問題はクラスで処理することはできなくなる。

② 限りなく黒に近い5パーセントの少年たち

深層いじめの怖いところは、それが集団でなされることだ。中心の真っ黒の少年を囲み「限りなく黒に近い少年」たちが配置される。

限りなく黒に近い少年たちに共通する特徴は、実践的な非行知に卓越したものを持っていることである。体力的にも周囲の少年たちに比べ十分以上なものがある。しかし可能性があるか否かにかかわらず学力的にはかなりの問題があり、落ちこぼれ状態にある。

限りなく黒に近い少年たちは、あり余る体力を活用し、周辺に睨みを利かせる。もし他の少年が真っ黒の少年への隷属を拒む、小集団から離脱しようとする、あるいは小集団への参加を拒んだ少年たちに、体を張った容赦のない暴力を振るう。

1970年代初め　東京・代々木公園前

要するに限りなく黒に近い少年たちは、真っ黒の少年を支えるアンダーボス的存在である。真っ黒の少年が果たすべき集団の凝集や結束を代わって暴力で行う代行業者の役割を果たしている。それだけにこれらの少年は、問題少年として非行経験も不良行為経験もあり、先生だけでなく警察の視野にも入っている。またあいつか、と評される少年である。

限りなく黒に近い少年たちの割合は、同一年齢の非行少年たちを追跡したコホート調査の結果から見ると、１００人の男子少年がいると、黒の少年の２～４人（真ん中を採って３人）に対し４～６人（真ん中を採って５人）とみられる。20人の男子学級では１人以上、２学級で２人以上は確実に存在する。

事件に関わるような深層いじめの中心部には、真っ黒の少年を中核に限りなく黒に近い少年たちの合計8人（パーセント）が座っていることになる。

③ 灰色の7パーセントの少年たち

真っ黒の少年、限りなく黒に近い少年たちを囲む大外に灰色の少年たちの円がある。

灰色の少年たちは、どこかに心の傷を負っている[3]、あるいは力の弱い少年等で、他の真っ黒の少年や限りなく黒に近い少年たちの下で使いっ走り（使いっぱ、パシリ）、金銭調達係、限りなく黒に近い少年たちが果たすべき一般少年たちへの威嚇代行業、時として噛ませ犬的な殴られ小突かれ役として使われている。気の弱いどこか憎めない少年たちである。

灰色と表現しているが、灰色にも濃淡があるように、中心に近い濃い灰色の少年と一番外側の淡い灰色の少年がいる。同じ灰色で小集団内での使い走り的役割は変わらないが、濃い灰色の少年は望んで限りなく黒に近い少年の地位まで這い登ろうとしている積極的少年である。力がつけば限りなく黒に近い少年の地位を得て仲間入りする。

一方淡い灰色の少年は、一時的気まぐれ、あるいはこの小集団しか存在を承認してくれず、他に居場所を求めようがなかった、強引に引き込まれた等の理由から、この深層いじめ集団内にたまたま居る消極的少年である。彼らはこの小集団からどうかして抜け出したい少年である。

濃淡いずれの灰色の少年にも共通するのは、ここにいても下働きの使いっぱだけであまり面白くな

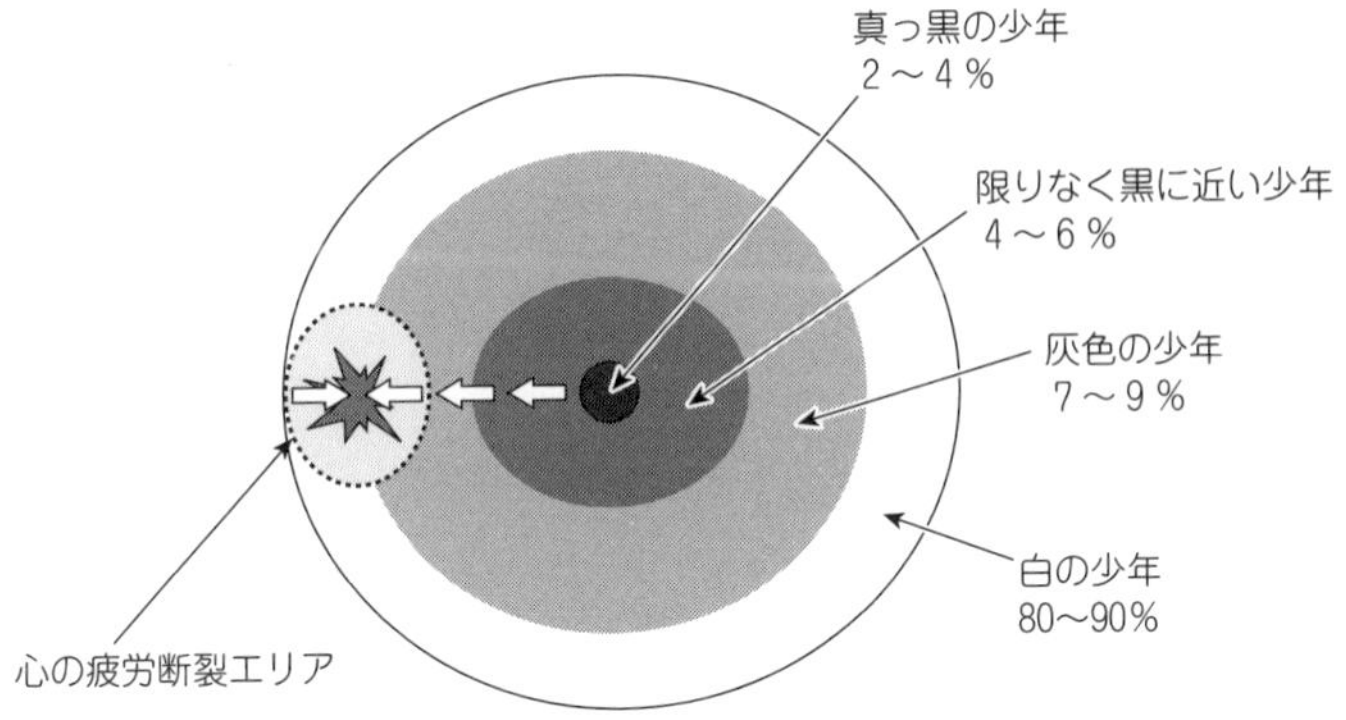

図1　深層いじめ集団の構造

いという気持ち、非行経験ではなく一寸した不良行為を経験している、させられているということである。

灰色の少年たちの割合は、不良行為少年として補導された少年の発現者数から見て、真っ黒と黒に近い少年たちの合計8人を引いた9人と推計される。

男子20人学級では2人近く、40人学級では3～4人になる。

④　白の85パーセントの少年たち

こうした深層いじめ小集団の外周を白の少年たちが取り囲む。先生や警察等の外部機関がいわゆる普通の少年たちと診断する存在である。彼らは、全く問題がないのではないが、たまたま先生や警察などに注視や補導―検挙されず、家庭環境もしっかりしているなどのことから問題少年の経歴に載らなかっただけである。彼らの一部は、状況が変わり少しの傷が加われば、周囲が気にする間もなくすーっと淡い灰色の少年の層へ吸い込まれてゆく。

白の少年たちの問題は、深層いじめの小集団に加入するか

否かの問題と同時に、往々にして彼ら自身が行う寛容性に欠けた「はじき飛ばし」効果の問題がある。それは一度彼ら普通の少年たちがいじめっ子とラベルを貼った少年に対し、自分たちのサークルからはじき飛ばし、軽々に加えないという行いである。この行動は、白の少年たちのサークルを守るために必要悪な防御の構えともいえる。普通の群れに帰りたいと望んでいる少年、特に灰色の少年にとっては非常に厳しい仕置きとなる。そうしたはじき飛ばしによって、多くの灰色の少年たちが、否定的な自己観念（やけっぱち）の圧力の下に、自暴自棄的にいじめのより深みに入ってゆく。あるいは押しつぶされていく。このことは、白の少年たちも、裏を返せばまた加害者となりかねないことを示している。

白の少年たちは、少年全体から、黒から灰色の少年たちまでを引いた数で、およそ85パーセントほどの人数と計算される。

3　深層いじめと非行の関わりの実態

深層いじめの小集団から、非常に多くの非行が噴きだしている。なぜどのように非行と彼らは絡み合っているのか。

教育・いじめそして非行

教育現場では、多くの非行をいじめとして扱ってきた。前に述べたように言葉「いじめ」を使うことで、実は非行である子どもの行動にいじめとラベルを貼ることが可能になった。

そのラベルは、子どもに「非行少年」という轡《くつわ》を嚙ませずにすむ。先生という立場からすると、学外機関との面倒な処理手続きが回避できる、子どもを信じ教え育てる教育者という清廉な立場を失わずにすむ、学内に子どもを留めることができる、一応教育の場に囲い込み保護（という名の隔離）をすることができる、不名誉な非行少年を出さずに済む、保護者へも指導の不備が突かれずにすむ。保護者も「非行少年」の親と呼ばれるよりは「いじめが酷い子どもの親」と呼ばれる方が世間体がよい。全く便利な言葉「いじめ」であったわけだ。

しかしいかに「いじめ」というレッテルを貼ろうと実態は非行であり犯罪である。どうにかしなければならない。様々な思慮苦慮が重ねられている内に問題は深まる。考えるための基礎資料も十分にない。

どうすればよいかの基礎資料

まず非行・犯罪と固く結びついている深層のいじめは、なぜ、どうして、どういった少年や集団が生みだしているのかを知ることが間違いのない対策を展開する上で必用である。

この問題に関する基礎資料は、毎年警察庁が公表する警察統計以外にきわめて少ない[4]。その内容は、公式統計の限界で、警察が認知したいじめ事件の動向については正確だが、いじめ事件のダイナミズムにまで入り込んでの分析とはなっていない。この種の資料として唯一存在するのが、１９８５年警察[5]庁と科学警察研究所が共同して実施した「いじめと非行関連」の調査データである[6]。

その調査におけるいじめの定義と条件は次のようであった。

●いじめの定義

教育の場に限らず職場や地域などを含めた、一定の限られた人間関係が構成されている場において、特定の者を弱者として反復継続して肉体的にまたは精神的に苦しめること。

●その行為がいじめ非行であることの（認定）条件

Ａ　いじめによる加害事件

Ｂ　いじめられた者が、その仕返し又はうっぷんばらしを動機として起こした事件

Ｃ　いじめられたために誘発された事件

以上の定義を判定基準として、警察庁と科学警察研究所は、全国一斉に警察に補導された全ての非行少年の非行目的、動機、手段そして結果からいじめが関わりあると診断された事件を抽出し「いじめ特別調査」を実施した。その結果３９５人の非行少年がいじめ加害あるいはいじめ被害の結果事件

を犯したとして補導された。特別調査の概要をかいつまんで述べよう。[7]

深層いじめの非行世界はハングレ集団

補導された少年は加害事件少年、仕返し・鬱憤晴らし事件少年、誘発事件少年と3つのタイプに分類された（表1）。暴行や傷害といったタイプの少年が71パーセントと最も多くを占めるのは当然だが、いじめで誘発された非行で補導された少年も20パーセントを占めているのが注目される。いじめがもたらす暴力や脅しは、それによって他の少年を傷める（一寸お前、あいつ生意気だから殴ってこいなど）、あるいは金品を強要するなどの2次的非行少年、復讐としての事件を生みだすのだ。

これが真っ黒の少年、黒の少年を中核とする深層いじめの世界である。この世界は、暴力を背景にした脅しや恐喝、脅迫などを行う専門集団、暴力団世界の縮小版に外ならない。

こうした世界に立ち向かうには、全ての子どもを信頼するという教育の論理では立ち向かえない。毅然と外部機関、特に警察とどう連携を組むかが工夫される必用がある。

実際外部機関との連携件数は、小学校で年間２４７件、中学校で４５１件、高等学校で47件（前に述べたように義務教育学校でない高等学校では退学処分など、いじめなどの曖昧な対応でなく明確に非行として対応している可能性がある）。義務教育学校でどのような生徒でも受け入れざるを得ない小・中学校で外部機関との連携が最近進んでいることが分かる。中学校でのこの数は、少なくともこの5年間では変わらない。

表 1　いじめ非行の態様（1985年調査）

		男　子	女　子	合　計
加害事件	身体へのいじめ	129（42.4）	49（53.8）	178（45.1）
	物品要求・物壊すなど	61（20.1）	13（14.3）	74（18.7）
	その他の加害	13　（4.3）	15（16.5）	28　（7.1）
	小　　計	203（66.8）	77（84.6）	280（70.9）
仕返し・鬱憤晴らし事件	いじめへの仕返し・反撃など	23　（7.6）	3　（3.3）	26　（6.6）
	鬱憤晴からの攻撃(いじめの相手以外)	9　（3.0）	0　（0　）	9　（2.3）
	小　　計	32（10.5）	3　（3.3）	35　（8.9）
誘発事件	たかられて金品の調達	26　（8.6）	2　（2.2）	28　（7.1）
	いじめられる側からいじめる側になって	6　（2.0）	3　（3.3）	9　（2.3）
	いじめる子に強要され	24　（7.9）	3　（3.3）	27　（6.8）
	誘発で以上の他のもの	13　（4.3）	3　（3.3）	16　（4.1）
	小　　計	69（22.7）	11（12.0）	80（20.3）
合　　計		304(100.0)	91(100.0)	395(100.0)

表 2　いじめに起因する事件の検挙・補導人員の推移

区　分	平成14年	15年	16年	17年	18年
小 学 校	1	3	34	23	18
中 学 校	163	182	217	240	352
高等学校	61	44	65	63	90

区　分	19年	20年	21年	22年	23年
小 学 校	26	7	38	23	20
中 学 校	348	238	228	228	161
高等学校	82	68	47	30	38

科学警察研究所報告を基にした「少年非行」，ソフトサイエンス社

実際外部機関の一つである警察のいじめ事件として認知し処理した件数も中学校は、他の小学校や高等学校よりも断然多く、こうした傾向のあることを示している。

＊ドラム缶殺人事件資料

犯人（主犯）：自動販売機に行ったときに、さらっちゃいましょう（誘拐しよう）よということが、いきなり出てきたんで。

弁護士：そういう趣旨だとは思って聞いてるわけだな。

犯人（主犯）：その前から、誰かをBくんの家に監禁しようという話しが、ちらほらあったんで……。

弁護士：君は○○子さんに対して、やくざがねらっているとか、そのやくざから君を守ってやるんだという話しをしているわけだね。

犯人（主犯）：はい。

（略）………

弁護士：そのC（従犯）、D（従犯）の方は暴走族がどうだということですか。

犯人（主犯）：そのとき、当時みんな暴走族とかに興味があったんで、三郷のほうの暴走族の話とかなんかしていたみたいです。よくわからないですけど。(8)

■卑怯者のいじめ加害者が弱者を群れて狩る

中学生のいじめ非行少年と被害者の関係についてみると、深層いじめの少年たちの残酷さが露わに

表3　相手との力関係×いじめ荷担人数（%は総計に占める割合）

	自分より強い	自分の方が強い（相手は弱い）	同じくらい	合　計
単　独	8(4.4)	37(20.3)	14 (7.7)	59 (32.4)
2　人	4(2.2)	22(12.1)	8 (4.4)	34 (18.7)
3　人	4(2.2)	21(11.5)	5 (2.7)	30 (16.5)
4　人	1(0.6)	13 (7.1)	4 (2.2)	18 (9.9)
5人以上	1(0.6)	32(17.6)	8 (4.4)	41 (22.5)
合　計	18(9.9)	125(68.7)	39(21.4)	182(100.0)

なってくる。

いじめ加害事件少年の48パーセントが自分より力の弱い者を複数で、14パーセントは力が同じくらいでも複数で、さらに力が自分より強い者にも6パーセントが複数で囲んでいじめている。力が自分より強い者に単独でなされたいじめは僅か4パーセント、同様に同じくらいの者へ単独は8パーセントにすぎない（表3）。深層でのいじめ加害事件の多くは、弱いと分かっている者あるいは自分と同等な力を持つ者さらには自分より強いと分かっている者には、なおさらに仲間と一緒に囲んでいじめているのだ。まさに獣たちの獲物狩りである。

深層いじめの最奥に被害者のあがきを玩ぶ心が潜んでいる

いじめはなぜ成立するのか。それは、加害者の心の奥深くに、いじめの獲物となる被害者の苦しみに思い至らない、剝き出しの獣的な心が潜んでいるからである。

自分がいじめた被害者については「かわいそうだと思わなかった」という答えと、自分のしたことで相手は「苦しんだ」と回答した者をクロスしてみる（図2）。有効な回答のあった者（242名）のうち、

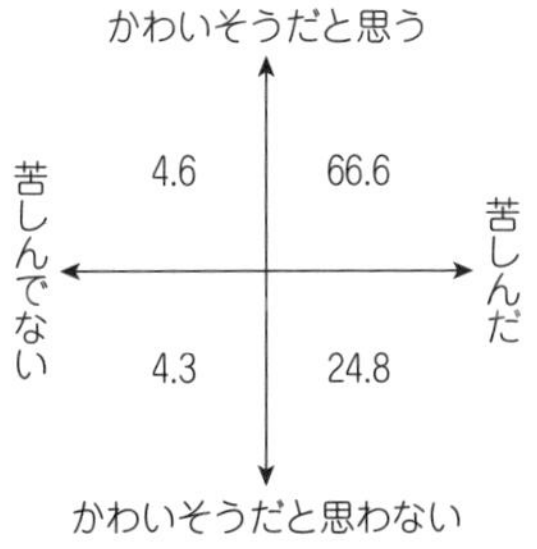

図2　被害者への感想

「かわいそうだと思ったし、相手は苦しんだ」という者（以下、同情的いじめ派と呼ぶ）がもっとも多いが、その一方で「かわいそうだと思わなかったが、相手は苦しんだと思う」という者（以下、サデズム的いじめ派と呼ぶ）が4人に1人、人数は少ないが「かわいそうだと思わなかったし、相手も苦しんでいないと思う」という者（以下、ニヒリズム的いじめ派と呼ぶ）の存在が浮かび上がってくる。

また別な質問に対して、「いじめは悪い」と8割から9割のほとんどの深層の少年たちが判断していた。いってみれば深層の少年たちは、悪いと思ういじめを、サデズム的あるいはニヒリズム的に楽しんでやっていたのである。

そうした病的ないじめ心が、いじめ全体を引っ張り回していたとみられる。この病的いじめ心をどうにかしなければ、いじめ全体を射程に置いて対策を考えてもどうにもならないであろう。

＊ドラム缶殺人事件基礎資料

犯人（従犯）：自分は、顔とおなかと背中は」なぐってはだめだということは言いました。

　リンチ自体はやめろという人は誰もいませんでした。

弁護士：そのなぐり方やなんかを見ていて、たとえば、それはひど過ぎるからやめろとか、そういったことは、誰か君以外に言ったか。

犯人（従犯）：B君のお兄さんが、むごい、かわいそうだと、そういう内容のことを言っておりました。

弁護士：ほかは。

犯人（従犯）：笑ってなぐってました。[9]

病的いじめ心の発揮を助ける中和の精神

獣が狩りをするとき、彼らはいかに襲うかと同時に、その後いかに逃げるかを考える。この両者を適《かな》える地点や時あるいは獲物が最適な狩り場・被害者なのだ。

いじめでは、いじめ心を十分満たしてくれる魅力ある少年をまず選択する。しかしそれだけではない。いじめ被害者として選ばれた少年自身が、なぜ自分は被害者として選ばれたか自身納得する十分な理由が存在していなければならない。「自分が悪いんです」「自分が悪いから誰にも話さない」。

そうした被害少年をターゲットとして選んだ上でいじめの加害少年は、二段の言い訳を用意する。

まず1段目で「自分がいじめを働いたのは悪くない」という（表4）。少年たちは「自分だけがやっているのではない（他のヤツもやってるじゃあないか）」「自分がいじめを行ったのは相手が悪いんだ」と行動の正当化を主張する。

そして2段目に「なぜあいつを被害者に選んだか」の理由を掲げる（表5）。

少年たちは、「弱い者がいじめられるのはいつの時にもあるものだ。だからしかたがない」と漠然

表４　行ったいじめについての見解（複数回答）

	男　子	女　子	合　計
自分としてはやる気はなかった	33.5	22.1	30.4
仲間に誘われたから	23.6	22.1	23.2
相手にとってはたいしたことではない	39.4	33.8	37.9
相手が悪いのだから仕方がない	44.8	59.7	48.9
自分だけやっているのではない	67.5	68.8	67.9
みんなのためにやった	29.4	23.4	13.2
先生も親もやっているので自分だけ悪いとは思わない	20.7	14.3	16.9

表５　いじめ被害少年を選択した理由（複数回答）

	男　子（%）			女子（%）
	加害事件	仕返し・誘発事件	小　計	加害事件
いじめられる子どもの性格や行いなどが偏っているから	70.6	41.3	60.6	80.5
いじめる子どもの性格や行いなどが偏っているから	58.0	60.0	58.7	56.1
学校や周りの者が面白がるから	41.3	57.3	46.8	26.8
学校の先生に力がないから	51.0	49.3	50.5	65.9
いじめられる子どもの親や兄弟がだらしがないから	18.9	16.0	17.9	34.1
いじめる子どもの親の躾が悪いから	25.4	41.3	30.7	31.7
世の中全体に弱い者を守る気分が薄いから	46.2	66.7	53.2	51.2
弱い者がいじめられるのはいつの時にもあるものだ	59.4	65.3	61.5	73.2
いじめる方もいじめられる方も周りの人たちに馬鹿にされているから	39.2	28.0	35.3	26.8

とした社会の掟に正当化理由を求める。あるいは「いじめられる子どもの性格や行いなどが偏っているから、自分のやったことは仕方がない」と気にくわない者や性格的な偏りという証明しようのない理屈をつけて少数者を多数者は排除してもよいのだ、という責任の中和化を図る[10]。

こうした正当化や中和化の理論展開に対し「いじめは絶対にいけない」と力んだとしても、心の底からの納得を彼らからはいつまでも得られないであろう。

いじめられっ子も同じ人間として存在すること、それを否定することは明日の自分自身を否定することとなる、と強く説き身に染み込ませねばならない。

深層いじめにおける非行の全体構図

この特別調査はその後行われていない。多くの貴重なデータが収集され分析された。その結果、最後に深層いじめが噴出する過程が描かれた（図３）。

すでに30年近く前に、深層いじめと対峙するためのこうした知見を得る努力がなされていた。記憶されておかねばならない。記憶され受け継がれないからこそ、繰り返し繰り返し少年たちの悲劇、周辺のどうしようもない怒りが繰り返されるのである。問われるのは、忘れたのは誰か、その人たちは忘れたことに対し一度でも責任をとったか、ということである。

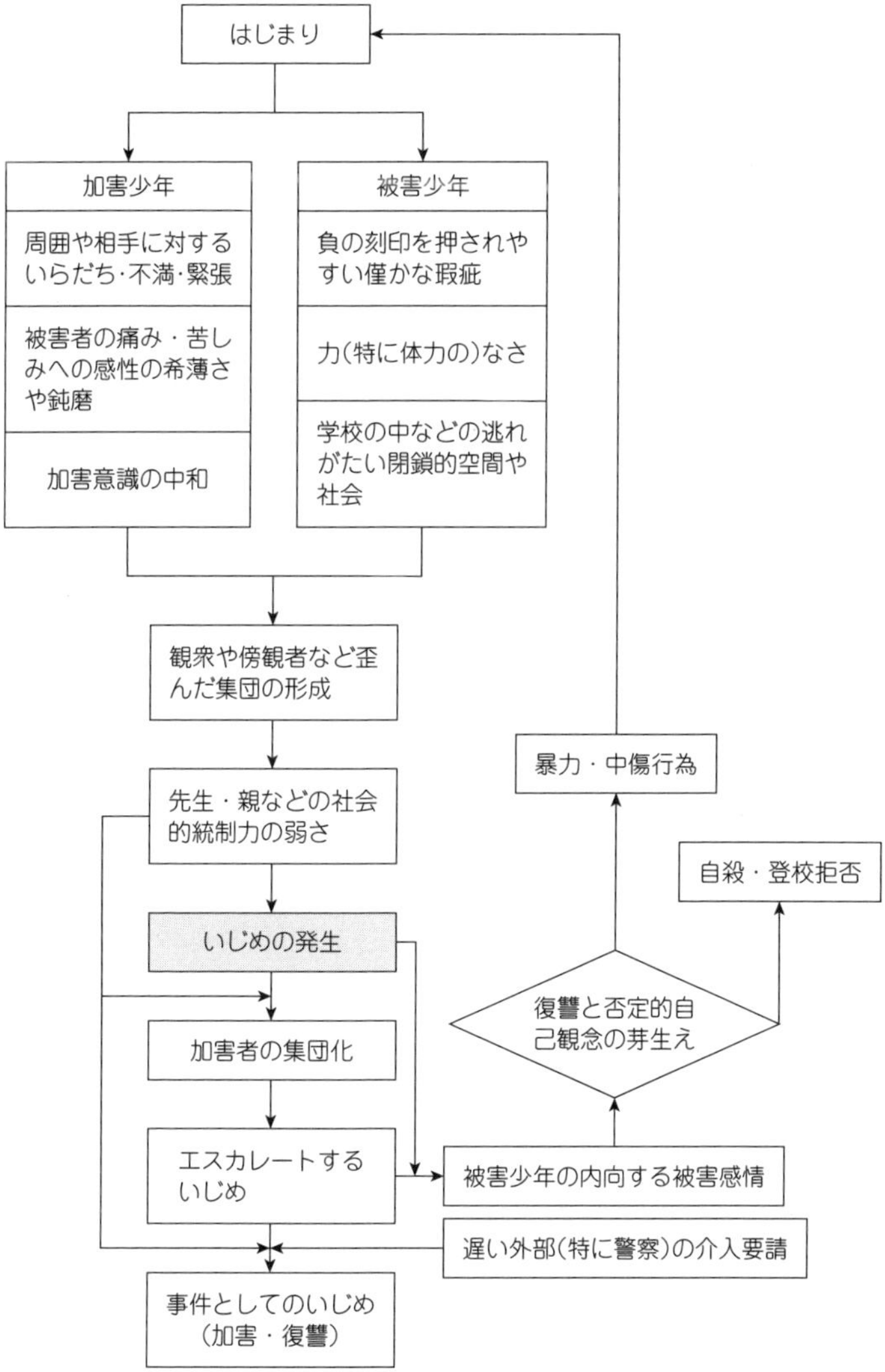
はじまり
加害少年
周囲や相手に対するいらだち･不満･緊張
被害者の痛み・苦しみへの感性の希薄さや鈍磨
加害意識の中和
被害少年
負の刻印を押されやすい僅かな瑕疵
力(特に体力の)なさ
学校の中などの逃れがたい閉鎖的空間や社会
観衆や傍観者など歪んだ集団の形成
先生・親などの社会的統制力の弱さ
いじめの発生
加害者の集団化
エスカレートするいじめ
事件としてのいじめ（加害・復讐）
被害少年の内向する被害感情
遅い外部(特に警察)の介入要請
復讐と否定的自己観念の芽生え
暴力・中傷行為
自殺・登校拒否

図3　深層いじめの噴出過程

4　深層いじめと自殺の関わり実態

全国的にいじめが原因で自殺した子どもの数を見てみる。

警察統計によれば２０１０年で小学生は０人、中学生は３人そして高校生は１人となる。人数は少ないとはいえ、いじめは確実に自殺少年を毎年生む。２０１１年の滋賀県大津市の中学生自殺事件だけではない。

２００６年　北海道滝川市
２００６年　福岡県福岡市
２０１０年　群馬県桐生市
２０１２年　東京都品川区

もうどうしようもないほどの件数があがってくる。

この数と同時に、いじめを原因とする不登校の子どもの数を、高校生を除いて見る。２０１０年度に限っては小学生４３１人、中学生は２２８５人。

いじめで登校拒否に陥った子どもの全数がいじめ被害の子どもとはいえない。いじめ加害の子どもがカウントされている可能性もある。しかしほとんどの子どもはいじめ被害が契機となって登校拒否に陥ったことは間違いない。

表6　いじめが原因となった自殺者と不登校者数

		2007年	2008年	2009年	2010年
いじめ自殺	小学生	0	0	0	0
	中学生	1	5	3	3
	高校生	6	6	4	1
	小　計	7	11	7	4
いじめを原因とする不登校	小学校		498	473	431
	中学校		3,187	2,694	2,285
	小　計		3,685	3,177	2,716

注1：自殺は警察庁統計で年間人数。
注2：不登校数は文部科学省統計で年度人数。
いずれも国公私を問わず全校。

登校拒否とは学級や学校といった狭い社会や空間からの心身の避難や脱出そして囲いからの消去である。自殺とは世の中全体という社会と広い空間からの心身の抹殺であり、絶望の果ての自己の手による自己消去である。この登校拒否と自殺の境は紙一重といってよい。死んでも重いいじめの日々から飛んで逃げたいと念慮すればこの境は軽く乗り越えられる。

表6は自殺を遂げた子どもたちの背後に、それに数十倍、数百倍する潜在的な自殺予備の子どもたちがいることを知らせる。

怖ろしいことは、この予備の子どもたちが、小学校の段階から生じていることだ。ということは3つのことを想像させる。

一つは、今、中学生のいじめ自殺が大きな問題となっているが、この自殺者数は、さらに増加する危険性がある、ということである。

二つは、現在0人の小学生の中からも、将来的には自殺小学生が出始めるのではないか、という大きな不安が生まれることである。

三つは、いじめ自殺が中学生段階で生じる背景には、小学生時代からのいじめられ経験が蓄積しているのではないか、ということである。もしそうならば、いじめ自殺対策を中学生段階で行っても有効ではないこと、将来を見越して小学生段階からいじめを乗り越える学習がなされなければならない、ということである。これまでのいじめ調査では、そのほとんどが小学生時代からの質を踏まえたいじめられ意識総蓄積量の把握を行っていない。この不備を突いた調査を早急に行うべきである。それが科学的ないじめ研究というものである。その調査の前に、いじめに関しての小・中学校の共同した取り組み体制の組み立てが、是非ともなされねばならない。

いじめ自殺にかかわらず自殺は複合原因死である

いじめ問題に関わり、またいじめだけにかかわらず非行問題、学業成績問題、体罰問題、家庭内暴力問題など子どもが関わる様々な問題を契機に子どもたちが自死を遂げる。

大変申し訳ない表現であるが最近の子どもは自死を望み遂げやすくなったとつくづく感じる。著者自身小学校の6年時に死を望み、それ以来現在まで何度死のうかと思い定めたことがあったか分からない。それでも自死を果たさず今日に至っている。4年前には病の苦しさに自死を望み、家族は紐という紐を家中から隠したこともあった。その時救われたのは、気配を察した家族の必死に寄り添ってくれる行動であり思いであった。

子どもがいじめを契機に自死を遂げる。死にまでたどり着く子どもの強い被害の思いは誰にも分からない。残された家族や周辺の方々に本当に申し訳ないが、自殺念慮の原因が単一であれば、周辺の必死の思いや引き留め行動で死を放棄させることは可能だと思われる。

しかし場合によっては死の思いをつのらせる複数の原因が背景にあり、そのどれもが玉突き状に解決困難な場合、そこに誰をも納得させる、ある「一言」があれば、誰が止めようと、その一言に乗って簡単に空中飛翔を遂げようとすかもしれない。自死の現場に残るのはただ「その一言」である。恐れることは「いじめ」「体罰」「学業不振」「交友関係の不全」などがその一言になっていないかということである。もしそうであるならば、そういった一言にまどわされず、少年たちが抱えている複雑に絡み合った、あるいは自分の力ではどうしようもない問題の解決を解きほぐそうと周囲が努力をしない限り「その一言」を使った自殺は絶えないであろう。

子どもの世界にも「生き苦しさ感」が漂い始めた昨今である。

いじめ自殺事例

不思議に思うが、いじめが生みだした少年の自殺について、大量にケースデータを収集し、精緻に分析しその結果を生かした研究を目にしたことは非常に少ない。収集した資料はある。しかしそれが生かされていない。死者に鞭打つな、という思いが作用している。本書だけでも統計的な解析を試みるべきであるがその時間はない。

かつて多くの現場に行き見聞きしたことを書きためたメモや書類が散逸を逃れて手元に少数ある。その中からある2事例を取りあげ、少年たちの死を巡ってどのような状況があったかを、当時のメモを基に描き出しておこう。

今後の無惨ないじめ自殺を防ぐための資料として、いじめ加害少年がどんなに無惨なことを行ったのか、被害少年がどんなに苦しんだかを粗描できれば幸いである。ご遺族の方には、このように年数を経ても再度悲しみを抱かせてしまうことになると思うと申し訳なさ以上の感が襲う。しかしあなた方と同じ思いをしている方がおり、その悲しみを今後新たに繰り返させないためにもここに述べることをお許しいただきたい。

極力描写を抽象化しコンパクトにし、死んでいった少年の名誉を守ることを第一にし、あのケースかと判断されることを避け、ここに2例だけ描くことにする。

〈自殺事件事例Ⅰ〉

深層のいじめ世界で次のような動きがあった。

真っ黒の少年Ａが限りなく黒に近い少年たちに言う。「学校引けたら、ゲームセンターに行こう」。限りなく黒に近い少年たちＢ、Ｃは、灰色の少年に命じる。「オイ、ゲーセンで使う金、どうにかしろ。Ａがどうかしろと言ってる」。

灰色の少年Ｄはその要求を拒めない。拒めば何が起こるか、日常の付き合いで体に染みて分かっている。狭い地域の中で行き場もなく親密な友だちもいない。しかしお金の持ち合わせはない。

限りなく黒に近い少年Ｂは言う。「持ってねえェ～。どうにかしろっていえば、どうにかしろ。簡単だロー」。

灰色の少年Ｄは、白の少年たちにしょうがなく言う。「オイ、金かせよ。持ってんだろ。取り敢えず千円でいいから」。

白の少年から取りあげた千円を灰色の少年Ｄは、限りなく黒に近い少年たちＢ、Ｃに持ってゆく。限りなく黒に近い少年たちＢ、Ｃは言う、「お前、ふざけてんのか～。千円でどうやって遊ぶんだよ。最低で一万円だよ。おラー、すぐ行って来い。お前んとこ金あんだろ。家からでも持ってこい」。少年Ｄは家に向かう。しかし家の小遣いは使い果たしている。親からくすねることのできる金は全てくすね尽くした。しかたなく白の少年たちに向かう。

白の少年たちは言う。「俺たち、そんなにたびたびいわれても無理だ。先生にいうぞ。お前Ａ、Ｂ、Ｃと一緒になって今まで十分金とったじゃないか」。

先生は、灰色の少年に（だけ）言う。「お前何やってんだ。そんなことやってるより少しは勉強しろ。もう高校受験の勉強、みんなやってるぞ。どんな高校でも落ちるぞ。早く勉強に取りかからねば行き先無い。お前どうしたんだ」。

灰色の少年Ｄは体育の時間、人気のない教室に入って他の生徒の服を探る。こっそり本を持ち出し古本屋に売る。

親に小遣いを求めるのは本当にもう無理だ。

真っ黒の少年たちの遊び金は調達できない。

灰色の少年Dへの、限りなく黒に近い少年B、Cの「どうかできないのかー、アホが。一寸、かわいがってやろーか。体に効かせてやろう」が強まる。

プロレスごっこ、泣きゼミごっこ（柱に縋り付かせる）、潜水訓練（川の中に何度も顔を突っ込む）……。遊びという名称の繰り返されるリンチ。

強まる心も体もぼろぼろの思い。逃げ出したい思い。高校に行けなかったらどうしよう。強まる殺意と自死への思い。

白の少年たちからも反発は強まる。「なんだーお前は。恐喝だよ。あっち行け」。はじき飛ばされ、白の少年の中に本当は戻りたいのに戻れない現実。白の少年たちの世界を貫く「お勉強第一原理主義」。それに深層いじめの世界に浸っている間についてゆけなくなった現実。

こうした内圧と外圧が、両方から、何日も何百回も毎日毎日、繰り返される。灰色の少年Dのそれでなくとも疲労の溜まった薄いビニール下敷き（心）にビヨーン、ビヨーンと、今日も明日もさらに明後日も繰り返し押し打ち寄せられる。「どうもならない」という思い。

ある日少年Dはつぶやく。「これは地獄だ。毎日毎日、鬼たちが襲いかかる」。どこでもいい、どこかに行きたい」「今日も明日も忘れたい」「疲れた。本当に疲れた」。

少年Dのつぶやきは小声で細い。周囲の先生や保護者は、「どうも態度がおかしい。何かあるのか」

と囁く。

何かあっても普段は白の少年たちに「あんなのとくっついて遊ぶなよ」と言っていた先生。

あるいは「いそがしい、いそがしい」と言い続けている、若しくは少年に気を配る以前に自分たちの生活が破綻に追い込まれつつある保護者たち。

彼らに、急に「何かあるのか」と言われて、それに答える心の用意はできていない。伝えれば真っ黒や限りなく黒に近い少年たちからの身も凍るようなリンチが待っている。

唯一あるのは、自分だけが閉じこもることのできる自分だけの小部屋。

そして何ごともないある朝。少年は家を出て学校に向かわず、地獄でない遠い空に足を伸ばした。

自由になりたい、誰からも馬鹿にされない、追いかけられることのない世界に行こう。

真っ黒の少年たちは言う。「僕らそんなに毎日毎日酷いことしませんでしたよ。前の日も笑ってましたよ」。「あのくらいのこと乗り越えなきゃ。大したことやってないっすよ」「強くなりたいから、もっと鍛えてくださいと、自分からせがんだくらいですよ」。繰り返されていたリンチ。

白の少年たちはいう。「理由はさっぱり分かりません」「普通通りにクラスにいました」「僕たち彼の被害者です」「楽しそうに笑ってました」「将来は農業高校で勉強したい。これからは農業の時代だと言ってました」。

誰も灰色の少年が抱えていた白い線の入ったビニール下敷きには想いがゆかない。真ん中に白い線の入った「心の疲労断裂」を思い浮かべることはできない。みんな高等学校受験で忙しいのだ。

〈自殺事件事例Ⅱ〉

事件は西日本の中心都市Ｂの某中学校で起こった。

その中学校では、１人の真っ黒の少年（Ｃと呼ぶ）がいた。彼の指示は、小集団内では絶対的なといってよい力を持っていた。彼を中心にその外側に限りなく黒に近い少年たち４人（判明した人数）が囲み、アンダーボスとして働いていた。そしてそのさらに外側に灰色の少年２名と、事件被害者となった少年１名（Ｄ君と呼ぶ）がいた。

Ｄ君の家は地方名望家層に属し、比較的裕福であった。Ｄ君の小学生時代は勉強もでき、運動能力も十分に備わった子どもであった。いわば一家の希望の星であった。しかし中学に進学すると学業成績が低下傾向に陥る。源を辿ると小学校４年の成績不振、特に算数の僅かな遅れにあったと診断される。その大切な時期に家庭内で祖父と母親、母親と父の間に微妙な亀裂が入っている。家の中で一人っ子のＤ君はさまよう。

彼は面白くない中学校生活を送ることとなった。

そういう彼の存在を認め仲間として受け入れてくれたのがボスＣを中心とする深層いじめの小集団であった。そこには、やがて卒業していった先輩もいた。

酒も煙草も小集団加入儀式として学んだ。

人の良いＤ君は、時として要領の悪い使いパシリ役、時として一見愉快で楽しいしかし冷酷なプロレスごっこなどの遊びのやられ役、時としてＣあるいは集団の小遣い供給源として使いまわされた。

Ｄ君自身は、最初居心地が良かった。しかし一緒の時間を過ごす内に、ここは地獄だと思うようになった。小集団から早く脱出したいと思うようになった。実際集団からの呼びかけにも応じないことがあった。しかし応じなかった後、待っていたのはリンチとしか表現できない遊びであった。金銭的強要も強まった。

彼はこの集団の外側、つまり白の少年たちによる普通の世界に戻ろうと努力した。しかし残酷なことに、一度怠惰な時間を過ごしたことは、なかなかの努力では復活できない学業の遅れをもたらした。また白の少年たちは「何だ、Ｃのグループにいて、好きなように遊び、時にはおれたちを追い回したのに」と白の少年たちの群れに復帰することを拒絶された。誰も笑ってはくれるが、悩みを打ち明ける相手とはなってくれなかった。

Ｄ君は、もとの白の少年たちの群れに帰りたい。白の少年たちはＤ君の気持ちを弾き飛ばす。Ｃを中心とする集団はそんなＤ君を見て、根性が座ってない、いい金づるは逃がさない、オモチャが居ないと不自由するなどの思いから、中心に君臨するＣの指示に従い、力はある４人の限りなく黒に近い少年たちから力一杯の暴行を受ける。

いじめを受けて家に帰っても、彼の心を察し、優しい心で受け止めてくれる家族は見あたらない。

学級の先生は、問題児であることを可視的にとらえることのできる限りなく黒に近い少年たちに規制と監視の視線は送るものの、灰色の少年の心に踏み込むことはない。何しろ先生は忙しいのだ。白の少年の授業、真っ黒の少年たちの日常生活のトラブル解決に翻弄される日々だ。

もちろん一番問題な黒の少年を抉りだし、その振る舞いを厳しく問い詰めるようなことはしない。何せ黒の少年は、せいぜい少し問題かなと注視されるくらいで、先輩たちから「出ると打たれるぞ」という行動規範を伝達され、非行知を積み、限りなく黒に近い少年たちや灰色の少年たちを使いながら、生き延びてきている。

外の白の少年たちからの弾き飛ばし。深層いじめの集団からの絶え間ない突き飛ばしの真ん中に置かれたD君は、ある日誰もいない幼い日の遊び場で自死を遂げた。

D君もまた、先の事例Iと同様、ビニールの板を何百回、何千回と両方から揺すり続けられた結果の断裂疲労がもたらした犠牲者であった。もっといえばいじめ集団だけでなく、周囲の先生も親も一緒になった殺人事件の犠牲者であった。

母親は言った。

「なぜ死んだのか分かりません。前の晩、普段通りに晩ご飯食べて、少し机に向かって、それから寝ました。普段からあまり話さない子でしたが、もくもくとご飯食べてました。それがおかしいといえばおかしかった」。

Cも言った。

「おれたち、そんなに酷く扱った思いはありません。彼は仲間の中にいると、「オイD」と呼ばれ、用事を頼むと嬉しそうでしたよ」。

死んでいったD君の後には多くの人による多くの言葉と反省は残る。しかしD君は帰らない。[11]

英国でもいじめのために一人の少女が死んだ。

The Times　1999年11月5日

二人の少女にいじめられた10代の少女が電話台の上に罵りの言葉を書いた手紙を残して自殺した。（略）。女の子は死ぬ前に「私は彼女らから逃れることができない」と囁いていた。

章の終りに

果たして何人の人が気づいているだろう。深層のいじめこそがいじめ問題の根底にあるということを。そこには非行と結びつき、先生も友だちも「はじき飛ばした世界」が広がる。場合によっては親さえもだ。

表層や中層のいじめは、まだ周囲の目に留まる。しかし深層のいじめは目にも留まらないことが多い。目に止めたくないのだ。

これから、おそらくこの深層いじめは、気安く警察の扱いとなってゆくであろう。それをダメだというのではない。しかしそうした深層いじめを生みだし、いじめの場を彼らに与えたのは学校だったということは忘れないでもらいたい。また獣を人間と化するよう鋭意努めるのが「教育」なのだということも忘れないでもらいたい。

注

（1）「女高生コンクリート詰め殺人戦慄の現場」『文藝春秋』２０１１年1月号、原資料。

（2）14～19歳までの同じ年次に生まれた少年の中から、14～19歳までの間に、少年法でいう犯罪少年として何人の少年が一度でも警察に検挙されているかを調べると（コホート研究）、男子少年で8％、１９８０年台以降は少し高くなって11～12％となっていることが報告されている（麦島・松本・原田）。こうした犯罪少年の中から、さらに一度以上、犯罪少年として検挙された少年がどの位の割合で輩出するかを調査すると42％（清永）。同じ年次に生まれた男子少年中からおよそ再非行を重ね、将来は犯罪者と化してゆく高リスクな少年がおよそ3％の割合で生じると計算される（0.08 × 0.42 × 100.0 = 0.34）。

（3）過去のいじめ事件例から引くと、傷としては、①転校生、②身体的あるいは学力や学業成績の上で不安がある、③気が弱い、④友人がいない、⑤家庭的な不安を抱えている、⑥将来が見えずどうしてよいか迷っている、⑦これまでの①～⑥に加え比較的家庭的には豊かだがどこか満たされない感情を持っているなどがあげられる。いじめ部会委員長小林登「いじめられ少年の特性」臨時教育審議会資料、１９８４年。

（4）「平成○○の犯罪」「少年の保護と補導の概況」、警察庁統計。

（5）この調査におけるいじめの定義や調査項目の作成に際しては、調査当時、警察庁少年課に在籍していた米田敏朗氏、神山賢一氏が専門的知識をもって多大な作業を行って作成した。ここに両者のお名前を記しておかねば、いじめ非行研究の歴史から、両氏がいかに大きな寄与を為したかが消え去ってしまうという思いがあり記した

（6）調査は、昭和60年6月と7月の2ヵ月の間に全国の警察署で「非行少年として扱われた全少年」を対象に、その非行にいじめが関わっているか否かを調査票調査で明らかにした。その結果は、「いじめに関する非行の実態調査研究」として科学警察研究所報告防犯少年編で公表されている。

（7）清永賢二・麦島文夫・高橋良彰「いじめに関わる非行の実態調査研究～」西村春夫編『少年非行』ソフトサイエ

ンス社」、１９８９年。

(8)　前掲「女高生コンクリート詰め殺人戦慄の現場」。

(9)　前掲「女高生コンクリート詰め殺人戦慄の現場」。

(10)　ディヴィド・マッツァ、非行理論研究会訳『漂流する少年～現代の少年非行論～』成文堂、１９８６年。マッツアの中和の理論（Theory of Neutralization）では、逸脱行為を働こうとした時、非行少年は自分が悪さを働こうとしていることを多分に自覚しており、それを正当化するため何らかの心の中和＝いい訳を計っている、と説かれる。その正当化には、マッツアは次の5種の手法があると説く。責任の否定、加害への否定、加害の否定、避難者への非難、より高次の忠誠心への訴え。

(11)　いじめ部会委員長小林登「いじめられ少年の特性」（臨時教育審議会資料）、１９８４年。

第6章　深層いじめはどうやって誕生し成長したかを考える

ああ　小魚たちの群れきらきらと　海の中の国境を越えてゆく
諦めという名の鎧を　身をよじってほどいてゆく

中島みゆき　作詞作曲「ファイト！」より

今まで述べたことを深層いじめ理解の縦軸とするとこれから述べようとするのは横糸である。縦横の糸を紡ぐことで深層いじめ世界の織物の理解は平明になされる。

深層いじめはどういった経緯を経て生じたのか。深層いじめ誕生史を探ってみよう。時間としては1967年頃から1988年頃までのおよそ20年間だ（図1）。

1　戦後子ども病理問題の大枠

■高度経済成長期からの子ども病理を考える10の前提

深層いじめや非行などの子どもの病理現象を巡っては、およそ次のような傾向がある。

第１の定理：１９６４年前後を境として、子どもの社会病理現象に変化が生じた。

第２の定理：それは病理を生みだす基本原因である貧困が、絶対的貧困から相対的貧困に変化したことがもたらした変化であった。

第３の定理：したがって今日の病理を診断するには、１９６４年以降の痕跡をトレースすればよい。

第４の定理：この間、新規の様々な病理現象が生まれ、膨れ縮小し、また新規に誕生していった。

第５の定理：しかし1度誕生した病理は絶えること無く、次の新しい病理誕生に影響を与えつつ、最低量で生存し続けている。

第6の定理：こうしてその時々の全ての病理現象を合計すると、質量また表現様式やその担い手は異なっても、ほとんど定量の子ども社会病理現象が維持され続けている。子ども病理「定量の法則」があるとみられる。

第7の定理：ということは子どもの病理は、それを押さえ安定した状態を得たと思っても、どこかで別な問題が生みだされ、子ども病理「定量の法則」を補っている。

第8の定理：ということはある病理現象を押さえても、押さえることが別な問題を生み出すという「子ども病理再生産メカニズム」のあることに気づかされる。

第9の定理：こうした子ども病理全体の動きを左右してきたのは、少年非行であった。

第10の定理：したがっていじめの歴史を考えるにしても、非行の動きと絡めなければ正確な紡ぎは織り出せないであろう。

これら10の定理が全て深層いじめの誕生に関わってはいないが、いじめを含めた子ども病理を考える上で押さえておくべき大切な定理として掲げておこう。

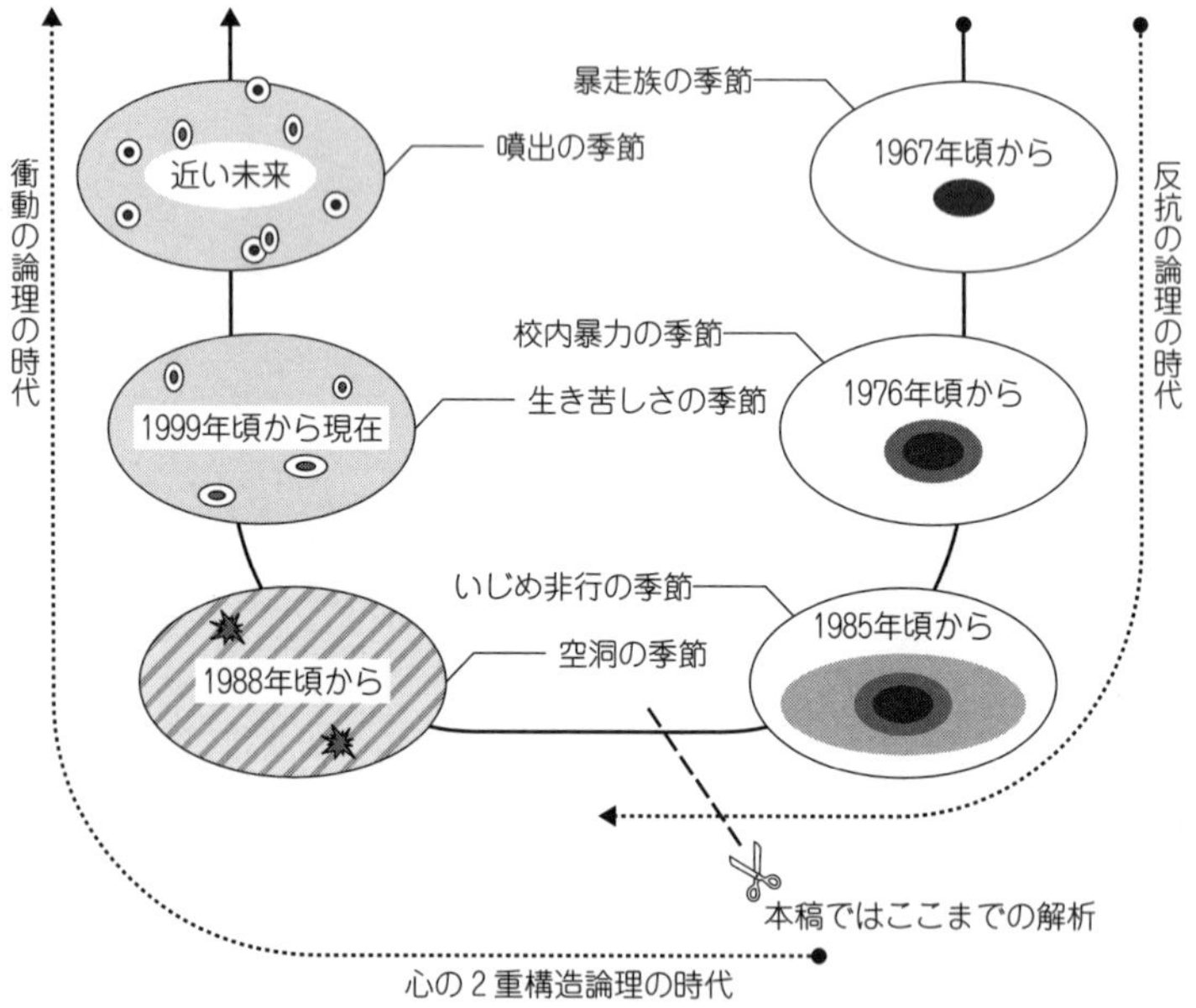
衝動の論理の時代
近い未来
噴出の季節
1999年頃から現在
生き苦しさの季節
1988年頃から
空洞の季節
暴走族の季節
1967年頃から
校内暴力の季節
1976年頃から
いじめ非行の季節
1985年頃から
反抗の論理の時代
本稿ではここまでの解析
心の２重構造論理の時代

図１　深層いじめ誕生史

2　いじめ誕生前史

■子どもの世界は経済成長と共に激変した

こうした10の定理を踏まえると次のようなことが浮かびあげる。

１９６４年。戦後日本の経済社会構造の大転換が目に見えて走り始めた年であった。

新幹線が走り出し、東京オリンピックの号砲と共に目を見張る新たな経済成長がスタートした。貧しさは絶対的な飢えでなく、人が持っている物を持っていない貧しさに変わった。

国民は、人並みになりたいという論理に従っていわゆる3種の神器を求め市場に走った。

それまでも学校での子どもの喧嘩や嫌がらせ、気にくわない者をいじめるなどのことは日常的だった。

校舎の裏側での素手のガチンコ殴り合い、ボスの指示に従っての恐喝、威張り散らす者を呼び寄せての集団リンチや嫌がらせ。学年末の別れ際に気に食わなかった者を呼び出してのヤクザ紛いの捨て台詞《せりふ》。やることにすごみがあった。挙げ句の果てに若いヤクザとして早々と出世し、結果早死にした者もいた。

しかし学校は外部からの侵入や介入を許さぬ聖域空間であり、先生は権威の象徴で冒すべからざる存在であった。子どもも保護者もそう思っていた。

校舎の裏での殴り合いに先生が来た、という声が上がれば、勝者も敗者も一斉に逃げた。逃げた後で両者は「先生が来たのは怖かったのー」と声掛け笑いあい、それで終わった。先生の「何々はするな」は守られることはなかったが、一応は下を向いてそれなりの「そうします」のポーズは採っていた。

明らかに弱いと分かる生徒、障害を持った子どもをあざけいじめる者は、そのほとんどが子ども集団の外に弾き飛ばされた。いじめ夢の時代であった。

子どもたちが共通して抱いていた論理は、戦後すぐほどではないが、貧しさの中の最低の共同体意識、共に生き延びようという生存の論理であった。

反抗の論理下の子ども病理

〈暴力が支配する子ども病理〉

経済成長のスタートは子どもの世界を劇的に変化させた。成長のスタートは同時に産業を支える人的資源の育成と教育大衆化への出発進行の号砲であった。それまでの高等学校進学率40パーセント台から、一挙に50パーセントを越え、さらに60パーセント以上へと跳ね上がっていった。それにつれ塾産業も興った。

子どもたちは高度経済成長下で豊かさと何をしても許される自由を入手することとなった。しかしその豊かさや自由は、生き延びることを行動の柱とした「生存の時代」から「業績の時代」へと道を開くこととなった。

「業績の時代」の子ども病理は、皮肉なことに病理行動を封じ込めるはずの豊かさから生み出された。

１９６０年代後半から大きく２つのタイプの非行が生み出された。

１つは、身の周りに無造作にあふれるばかりに積まれあるいは路上に放置された消費物資（商品や貴重品感覚希薄な個人所有物）に罪の意識もなく手を延ばし、万引や自転車盗に走った遊び型あるいは初発型非行少年と呼ばれる大量の非行少年たちである。いわゆる非行少年の低年齢化や一般化（非行少年の中流化）、さらには女子非行の膨張といった状況が、こうした少年たちを中心に進行した。

しかし同時に、高度化した経済成長は、また別種の第２のタイプの少年を生み出した。

暴走族や校内暴力に走った少年たちだ。

先の第１のタイプの少年たちは量的に多くを占め、人々の注目を引く。しかし、この第２のタイプの少年たちこそ、量は少ないが高度経済成長の本質が生み出した時代の子であった。与えられた豊かさと自由、社会が示す装った寛容さに対峙し、それを乗り越えようとし、あるいは乗り越えることに失敗し力つきて非行に走った少年たちである。現在のいじめ問題の底にもこの少年たちが醸した暴力文化が根強く反映されている。

〈荒れる非行〉

彼ら暴走族は豊かさへの反抗という装いを凝らして現れた。

高度経済成長下の自由そして寛容さは、豊かさを享受する資格（受験社会の最終勝利者という切符）を手に入れようと、家庭の経済力をバックに早期からの絶え間ない自己研鑽や忍耐努力を重ね、それなりの結果を上げうると見なされたあるいは成果を上げ得た者にのみ許容された自由であり寛容さであった。

資格を手に入れることのできた者は、今だけでなく長い人生の自由と寛容、社会的ステータス、富を手に入れることが約束されたも同然だった。しかし逆にいえば、そうした資格を持たない多くの少年たちには、きわめて冷酷で不寛容そして否定的抑圧感が満ちた社会であった。さらに残酷なことは、こうした差を決めるのは、本人固有の能力であり業績である、したがって差が生じるのは当然である、という理論が正当性を得ていたことであった。誰でもないお前が悪いのだ、という社会的刻印（stigma）がここで押されたのだ。

こうした不断に押しよせる抑圧に対抗する手段の1つとして少年たちが採用したのが「荒れる」非行であった。荒れる以外彼らに未来はなかった。その荒れの基調は、豊かさを装い真綿のように締めつけてくる抑圧状況への「反抗」であった。

非行少年たちの訴えは「個人」よりも群れという「集団」、最終的には群れの最小の構成要素である1対1の「肉体の対決」と「人間関係」を通してなされた。

そうした者たちは、教育の大衆化が始まりだした１９６０年代後半から１９７０年代前半においては、荒れの質には凄まじいものがあったが、まだごく少数であった。

〈暴走族の季節〉

荒れる反抗の論理の時代を象徴する存在として、最初に明確な形をとって現れたのが暴走族であった。

彼ら暴走族の少年たちは、カーキチ族、カミナリ族を経て１９６７年京都・宝ケ池事件で爆走した。彼らは、反抗のシンボルであるオートバイにまたがり、独特の特攻服、獣の皮に似た革ジャンを身にまとい、鉢巻きと族のシンボル旗をへんぽんと翻した。

暴走族は、腕力も胆力も知力も十分に備え、なおかつ非行性に富んだ、真っ黒な3パーセントの少年たち、それを支える何かといえば「やってやろうじゃないか。ジョートー（上等）」という上目使いの5パーセントの限りなく黒に近い少年たちから編成されていた。たとえていえば真っ黒な粒餡《つぶあん》を真っ白なお餅で包んだ巨大な鏡餅であった。

彼らの合い言葉は「半端《はんぱ》はやらねぇ」であり、共通して「ハタチ越えたら真っ当な世界に戻る」と唱えた。しかしその多くは、その時が過ぎてもヤクザ、あるいは暴力団の周辺で「ハングレ」と呼ばれる集団と化していった(1)。

彼ら暴走族は、キッパリと普通の白の少年たちの世界と縁を切った。自分たちだけの黒マル集団を作った。残りの92パーセントの子どもたちは、内心はどうであれ、「あれは違う」と境界線を引き別世界に住んだ。周囲の先生や親から「そのように『並み』であれ」と指導も受けた。

そうした彼らが向かった先は、高速道を中心に整備の進む公道であった。

公道は、うるさい大人の居ない、爆音高らかに群れて走りやすい、ギャラリーも多い空間であった。彼らは爆走することで、スピードとスリルとサウンド（爆音）の３Ｓに痺れる一瞬の陶酔状態に陥り、現実社会の憂さを忘れることができた。

彼らの多くは、中学卒業後早々と未練もなくその先の進路を捨て、あるいは不本意進学の結果進んだ底辺校を中退、怠学した。彼らは、経済成長が用意した道筋から外れた無法（de-viant）な反抗を露骨に体現した。彼らこそが後の深層いじめの限りなく黒に近い少年たちの尊敬すべき憧れの先輩であり生きる上での理想的モデルであった。

彼ら暴走族は、後輩になる中ボウ（中学生たち）たちに、漫画や雑誌、テレビや映画などを通し、力１本で生きてゆく作法と倫理と生きるモノサシ（行動規範）、集団による破壊の快感を教えた。その結果、今はまだ学校や世間の視線が厳しく、心情的に同調しても学校という巣から飛び立てぬ学業成績不振の中学生を中核に黒マル予備軍が育つこととなった。

〈追放され消えゆく暴走族〉

公道を爆音残して気ままに走る暴走族という非行集団に対しては、当然、社会的制裁が用意され、彼らの爆走エネルギーは厳しく制限された。路上に身をさらしているだけに（強い可視性）、黒と白の違いが明確にされているだけに（強い境界性）、大人たちが暴走族を閉じ込めるのは容易であった。警察は様々な交通法規を新たに定め改正し、追跡・捕獲の手段を巧妙充実していった。何よりも道路周辺の住民が爆音に耐えられず、彼ら暴走族に苦情の礫を投げ、敵視することとなった。

公的機関と住民が一体となり、暴走族を「走る獣扱いしてオレ等をボコボコ」に叩いていった。(2) このとき、叩くと同時になぜ暴走族、特にその中心にいる真っ黒の少年、限りなく黒に近い少年たちが生み出されたかの社会的な基盤、特に学校社会の在り方にまで社会の冷静で熱い視線を投げなかったのか。しかし投げられることなくただ追い払うことだけに専念された。

こうした結果、多くの暴走族は公道から撤退し、追放され、解散していった。(3) しかし3パーセントの真っ黒の少年、5パーセントの限りなく黒に近い少年たちが体現した黒の存在と文化は、学校、特に中学校や高等学校の深部に生き残り、暗闇の中に引き継がれていった。今日の子ども病理は全てこの時代に芽生えたといってよい。

〈校内暴力の季節〉

反抗の時代から吹く暴走族という季節風は、獣のような爆音を残し公道から追い払われていった。しかしその残滓は学校の底部に澱《おり》のように溜まり、すぐに様式を変えて噴出した、校内暴力である。

未だ中学校や高等学校に在学しているあるいは卒業直前の黒マル予備軍少年たちは、大人という常識社会の視線が及びにくい追跡しにくい学校という「聖域空間」で暴れることとなった。校内暴力という「内暴力」の多発である。うるさい大人が立ち入れない、視線の届き難い「オレたちのもの」という聖的無法空間を学校に求めたのだ。もう一つの聖域空間である家庭内暴力の多発も同様な理由からである。

　学校内暴力と家庭内暴力が、「内暴力」としてほとんど差をおかず多発したのである。少年たちは、そうした「内」でしか獣的な「力」を振るえなかった。

〈荒れる学校〉

　校内暴力の中心には、教室の中でお荷物と化した3パーセントの真っ黒の少年、その周辺にアンダーボスとして限りなく黒に近い5パーセントの少年たちがいた。たとえていえば、そのような物などあろう筈もないが、小豆粒の真っ黒な粒餡をさらに練り餡で包み、それを普通の白い餅で包んだ大きな鏡餅《かがみもち》状を形成していた。

　1983年には、学校内で「問題行動」を引き起こす児童生徒は「出席停止」という緊急措置が可能になった。80年代の荒れる学校での聖域を守護しようとする大人と少年たちの厳しい攻めぎあいがあった。

　ただ、暴走族の時代と異なり、学校という狭く閉じた空間であるだけ、外部からは少年たちの行動は見えがたくなり（可視性の低下）、少年たちのうち特に表立つことが少なくなった真っ黒の少年は他の少年と判別が困難となっただけに（境界性の低下）、校内暴力を統制することは暴走族の時代に比べても困難なものとなった。

校内暴力を働く少年たちは、「セン公はオレの顔を見るなり、『お前か、お前はいいよ』とオレを無視して、後ろのヤツに答えさせたんだよ。皆の前で、オレに恥をかかせやがった。オレは最高に頭に来たね。それからだよ。オレが荒れ出したのは」と言いながら、「誰も彼もが、説教ばかりで頭にくることだらけ」の学校化社会へ反抗としての校内暴力を振るった

校舎のガラスというガラスは割られ、板壁は燃やされ、廊下は穴だらけとなった。他校と喧嘩するならオレを刺してから行けと喚いた先生は、本当に腹を刺されてうずくまった。女の先生は１人での帰宅はひかえねばならなかった。卒業式の日狙われた先生は、校長指示で病院に緊急入院した。

〈包まれ押しつぶされ消えた校内暴力〉

校内での暴力エネルギーは、70年代後半から80年代前半にかけ、様々な対策が実施される中で統制されていった。卒業式の朝は、校門前に機動隊の姿を見ることが常態化した。学校警察連絡協議会が整備強化された。

何よりも荒れる学校という評価は、学校のイメージを悪くし、○○中学卒業ということは進学に非常に影響した。学校、教育委員会は困惑した。それ以上に問題視したのは、一般生徒の保護者であった。普段の勉強が成り立たない。自分の子どもがいつ黒の少年化するか分からない、何よりも進路に

大きく影響する。学校―警察―保護者の強力な連携が結ばれた。黒マルを押さえる活動が進行した。学校は聖域ではなくなった。これからだ「学校の荒れ」に対し保護者が積極的に身を乗り出し、学校もそれを望むようになったのは。

校内は沈静化した。大きな鏡餅は急速に冷え固くなった。

しかし、少年たちの心荒れるエネルギーは、暴走族がそうであったように、少年たちの内部深くにさらに沈降していっただけだった。

群れて固まり先生の目についたら強制的な指導を受ける。暴走族は公共空間から追われ、校内暴力は狭いがそれなりの空間のあった学校から追われ、彼らはさらに狭くそして目に絶対入らない領域、「心」へと入っていった。その結果が「いじめ非行」の季節の出現であったのだ。

3　いじめの誕生と成長

■深層いじめ原型（プロトタイプ）の形成

〈いじめをふるう経験知〉

少年自身の抑圧された感情を何かに向けて叩きつけるという反抗のエネルギーは、公道からさらに追いつめられ学校や家庭内という人間関係に到った。そしてその最後の目に見える聖域空間も追われた。空間的にはもう行き場がない。そこで彼ら／彼女らは、目に見えない究極の空間へ逃げこんだ。

個々人の「心」の中へと逃げこんだのである。それが１９８０年代前半から後半にかけての「いじめ非行」の噴射につながったのである。時として、このいじめ非行のエネルギーは自分自身にも向けられ、周囲には分からない「ちょっとしたいらだち」として絶え間なくだらだらと放出された。

前の校内暴力の時代、先生の目についたら生徒指導を受ける。地域や保護者の目についたら警察が来る。いじめ非行を企む少年は、そういう不愉快な思いをしないため、知恵を絞るようになった。

(1)　やってることが見えないよう（内容の非可視化）
(2)　やってることが通常では当たり前のことであるよう（内容の日常化）
(3)　誰がメンバーで中心に誰がいるかが把握できないよう（中核の非可視化）
(4)　やってることをいつでも誰にでも抗弁できるよう（行動の中和化・正当化）
(5)　そして最後は力で押さえられるよう（隠された暴力の行使）

さらに説明すると、(1)はなるべく特殊な場所（校舎の裏など）でなく、一瞬に利用できるような場所で。(2)は首を絞めプロレスごっこと称しているが、実は首締めのリンチであるというように。(3)は誰が中心で指示を出しているか分からないよう、普段は良い子、普通の子であるように。(4)は責任を問われないように。(5)は暴力を背景に自分の目的を達成することを躊躇《ためら》わないように。

この校内暴力の時代から受け継がれ体得した５つの知恵の中で得に重視されたのは(3)と(4)の項目であった。少年たちは、大人たちと向かい合うのに「普通の子」さらには「良い子」として仮面を被ることの重要さをあらためて学習したのである。

この「いじめ非行」の時代にあって、先生や保護者の目についたら「スクールカウンセラー」が派遣されてくるようになった。実態は調査していないが、スクールカウンセラーの派遣も一部の少年や先生たちにはその善意がお節介と感じられ、心から受けいれられていないのではないか。今はいじめ被害者中心に対応しているが、いじめの加害者に向きあうようになったら大きな問題が生じかねないだろう。

こうして今日でも見られるいじめの原型が作られたのである。

〈深層いじめ非行の誕生〉

極めて主観性に富んだ判定[4]になるが、最終的にいじめが報道されたときの行動の新規性、悪質性、被害者への同情、行動の拡大可能性、人々の関心の大きさなどを基にした社会的衝撃度の５つの尺度をもっていじめ事件を測った。そして挙げられた複数のいじめの中から最終的に社会的衝撃度で問題ないじめ事件の４つのピークを定めた。

１９８６年　東京都中野富士見丘いじめ自殺事件の衝撃を頂とする第１のピーク
１９９４年　愛知県中学生集団いじめ自殺事件の衝撃を頂とする第２のピーク
２００６年　福岡県中学生いじめ自殺事件の衝撃を中心とする第３のピーク
２０１１年　滋賀県中学生いじめ自殺事件の衝撃を中心とする第４のピーク

第４のピークの事件に関しては、その解明が現在進行形であり、慎重な判定が求められる。しかし前後から神奈川県中学生いじめ無力自殺事件や東京いじめ自殺事件などから、２０１１年時点を第４

のピークと定めた。
反抗の時代の最後に迎えた「いじめ非行の季節」は、4つのピークの内の最初の第1のピークであった。

■いじめ非行第1のピークの形成と特徴

〈1986年〉

いじめ非行の季節は1年前の前走の時期を踏まえ、1985年に始まったといってもよい。

この1985年以降のいじめ非行の時代においても、それまでの暴走族や校内暴力の時代と同様、その中心にはやはり真っ黒の少年たちがいた。しかし、彼ら自身は、ほとんどいじめを武器とする非行世界の表社会には顔を出さなくなる。自身の存在を示せば、即、大人たちの統制の対象となる。彼ら真っ黒の少年は、校内暴力の時代に誕生したアンダーボスである限りなく黒に近い少年たちに暗黙の指示を出す。指示を受けた限りなく黒に近い少年は、さらにその外部に配置された、前の章で述べたいじめ非行の時代に初めて浮上した「(使いっ）パシリ」と呼ばれた「7パーセントの灰色」の少年たちに実行を要求する。

たとえていえば、ありえない物だが、先に表したように真っ黒な粒餡《つぶあん》を限りなく黒に近い餡でくるみ、その餡の外周一面被うように灰色のカビが生え、それを真っ白な餅米の皮で包んだ、かなり固くなり硬直しかけた巨大な鏡餅であった。

灰色の少年たちは、前章でも述べたように、腕力も胆力も非行性も貧弱で、限りなく黒に近い少年たちとその背後に控えている真っ黒の少年たちとキッパリ手を切るほどの潔癖性も持ちえず、かといって何らかの心の傷や受験社会で貼られた負のレッテル等のため、普通の白の少年たちの群れに属することもできず、もっぱら深層いじめ非行の被害少年として、最悪な場合は自死を選択する以外になかった。

真っ黒の少年の指示にそってなされたいじめは、どう言い訳しようと巧妙に実行された非行に間違いなかった。そしてこのいじめ非行こそが、本当に正面から対峙し問題解決に取りくまねばならない「いじめ」に外ならなかったのである。

〈今に続く第1ピーク時での議論7つの間違い〉

著者を含め多くの議論がなされた。今日から見るなら、この議論は基本的な点で7つの間違いを起こしていた。

●間違いの1

最初の間違いは、「いじめ」という言葉を熟慮させぬまま、使ってしまったことである。このことがなぜ間違ったかは前章までに述べた。

●間違いの2

いじめは「子どもの規範意識の希薄化あるいは低下」によると確信していたことである。この核心がなぜ間違っているかも前章までに述べた。

●間違いの3

「いじめ心は誰の心の中にもある」ということに気がついていなかったことである。なぜかは、この理由も前の章までに述べた。

●間違いの4

「いじめ」という便利な言葉があるから「いじめ」が起こるという単純なことに思い至っていなかったことである。なぜかは、これも前の章までに述べた。

●間違いの5

「本当に問題としなければならない殺人や自殺を生み出すようないじめに、どのような子どもが関わるか」を摑み損ねていたことである。この理由も前の章までに述べた。

●間違いの6

これも第3章で述べたことであるが、いじめの根底にある人という動物の心底に潜む獣性を全くの悪としてとらえてしまったことである。その結果いじめの根本的解決は遠いものとなってしまった。

●間違いの7

「いじめの逆機能」の意味に思いがいかなかったことである。前に述べたようにいじめは破壊として機能するほかに、破壊から生み出される創造のエネルギーを持っている。それを「いじめ＝全くの悪」と単線的にとらえ、全ての子どもに「いじめは絶対にしてはならない」と叩きこんでしまった。

その結果いじめは絶対撲滅の対象になり、人に言えぬこととなった。しかし人間の創造は競走から生み出され、競走は相手を打ち負かすことから成り立つ。そこには相手を侮蔑・破壊し引きずり倒そうという心、いじめ心が避けられない現実としてある。いじめの全否定は、子どもから表だった競争意識まで奪った。しかし終世つきまとう受験社会を生き延び勝者になれという軛は、子どもに何も争わないという「良い子・普通の子」の仮面を被らせ、生き苦しい思いをさせるものとした。いじめは心の奥深くに押し込められ、より陰湿なものとなってしまった。その心の抑圧感は、反抗もできない「もだえあがく心の論理の時代」を生みだすことにつなげていった。

〈誤り修正の機会喪失〉

第１のピーク時の７つの間違いを正す機会は、いじめ非行が本格化し始め、それにいかに対峙するかを検討した１９８４年の臨時審議会の時にあった。いじめと正面から対峙し、いじめの本当の問題「真っ黒の少年、限りなく黒に近い少年たちは、どうして生まれたのか」を徹底して解き明かせばよかったのだ。しかしそれはなされなかった。そのときなされたのは、「いじめは絶対許さない」のかけ声の下、スクールカウンセラー制度の充実などであった。いじめの本質に迫る対応は採られなかった。というよりも誰も考えが及ばなかった、というのが本当のところである。

いじめが関わる兇悪事件は、この前後から盛り上がり続いた。

１９８６年　兵庫県で中学生、いじめに仕返し、ナイフで逆襲

1986年　埼玉県の中学校の教室で、1年前からいじめが続き、マンガを買えと殴られ同級生を刺す

1986年　兵庫県で中学生がいじめられ全身にヤケド、いじめた生徒を刺す

1986年　埼玉県で、中学3年生が同級生から殴る・金銭強要等のいじめを受け頭をドライバーで刺す

1987年　愛媛県で中学女生徒がいじめに堪えかね給食に農薬混入、43人が入院

1987年　大阪府で中学生、いじめ告げ口したとリンチされ刺す

1988年　兵庫県の中学校校庭で、2年生が3年生のいじめに堪えかね刺す

1988年　大阪府の小学校教室で、6年生が、体の大きい同級生に日頃からいじめられ、仕返しに同級生を刺す。卒業式前日だった

1988年　奈良県で中学生が、「ネクラ」「もっとしゃべれ」と言われ、同級生を殺害

〈絶対させないいじめ対策の絶対的限界〉

こうした状況に対し、「いじめを絶対させない」「いじめを絶対するな」の大合唱のもと、政・官・財・民をあげオール日本でいじめ非行対策が展開された[5]。

文部省内では、児童生徒の問題行動調査にいじめ項目が追加され、いじめ対策の専門家委員会が開かれた。学校ではスクールカウンセラー配置の外に、養護教諭や生活指導主任の配置体制強化が進め

られた。教員研修ではいじめが必須の研修項目となった。次々にいじめ対策のための専門書が著された。

こうした努力の結果、いじめ第１のピークは乗り越えることができた、と誰もが思った。いじめ問題は解決したと誰もが思った。

しかしさほどの時を置かず、いじめ第２第３のピークが繰り返し襲って来る。そのたびごとに同じような光景が繰り返され、新聞紙面に同じようなキャプションが踊る。

大きな夢を語っていたが今は何も語ろうとしない子ども、泣き崩れる父母兄弟姉妹たち。

絶対いじめはさせないはずではなかったのか。いじめで亡くなる子どもは絶対出さないはずではなかったのか。

絶対という論理はもう十分聞き飽きた。しかし２０１３年現在も「いじめは絶対許さない論理」は、しぶとく生き続けている[6]。

いじめは、これまでの章で繰り返し述べてきたように、人間が動物である限り絶対備わっているものである。それを「絶対になくす」と表明する限り絶対になくならない。悲しい予言であるが、いじめ非行は、今のままでは今後も繰り返し起きる。

「絶対なくす」は、言葉「いじめ」を使わなくする以外にない。しかしもし表現するなら「～のいじめは絶対に起こさせない」ということは可能であろう。

このような状況にストップをかけられぬ責任は、著者を含め、第１のピーク時に議論に参加・主導し、その後いじめ専門家として研究・講演を行った者たちにあることを明言しておく。内心忸怩たる思いを抱きながら、今は賢明にも沈黙している者が多くいるはずだ。

〈割られた固いいじめ鏡餅〉

いじめ第1のピークに対し、懸命な取り組みがなされた。その結果、文部省（後の文部科学省）で収集され始めた「いじめ認知数」も低下傾向となった。しかしここでも変わらないことがあった。いじめ非行問題を根底で動かしていた真っ黒の少年、限りなく黒に近い少年たちの存在をどうするか、なぜ彼らが生まれてきたのか、どう彼らに向きあえばよいか、逆にそうでない少年たちをどう扱えばよいか等の十分な検討なしにやり過ごしてしまったのだ。

なされたのは、火種を残したまま、ともかく固くなったいじめ鏡餅を、大きな金槌で力を込めて叩き割ることだった。その結果、鏡餅は、小片に割れ周囲（全国）に散らばった。しかし中の粒餡、餡は小さく分散したが生き残った。

大きな固まりではないだけ、爆発したときのエネルギーは限定されたものの、線香花火のように一瞬の音と光を発して落下していった。それが全国各地で起こった点状の瞬間的大事件であった。全国一斉の流行現象としてではなかったが、「しゅるしゅる、パチパチ、しゅーポトン」と絶えることなく線香花火といういじめ非行と凶悪非行事件は発生し続けた。

同時にこれまで述べたように、全ての子どもへ一律盲目的になされた「いじめをさせるな」「いじめをするな」の大合唱の下、いじめっ子もいじめられっ子も、普通の子どもも、例外なく全員が「～しないでね（～するなよ）」「～しようよ（～だけしろ）」と甘く優しく丁寧な言葉で、しかしその裏側は拒否できない冷徹な視線の下に置かれた。生活のあらゆる面で絹糸のような柔らかで強靭な視線が走った。子どもたちは、不本意であっても「良い子」「普通の子」を演じねばならなかった。子どもたちだけでなく親も先生も疲れた[7]。

これまでをまとめると、反抗の論理の時代の暴走族が公共空間へ、そして校内暴力が聖域であった学校空間へ、いじめ非行が灰色の少年たちを巻き込みながら心という見えない空間へ。

子どもたちは、狭い空間狭い空間へと追い詰められ逃げこんだ。しかし人間関係も追われた。真っ黒の少年も限りなく黒に近い少年も、灰色の少年や白の少年たちも、全ての少年たちは、何かと声や顔を出す大人の視線や指示そして不意の立ち入りを逃れて、究極の逃避先である「心」に走り込んだ。その結果第1のいじめピークの季節は終わった。しかしそれは完全に終わりを遂げたのではなく、いじめをマスコミが報じなくなっただけで、いじめ非行を内包した反抗の時代と重なるように、より大きな衝撃をもって次の「衝動の論理の時代」が始まったからだ。

「心」には誰も踏み込めない、目を凝らしても見ることはできない、自分だけの究極の居場所であった。反抗の論理の時代の次に現れたのは、酒鬼薔薇事件に代表されるまさに病んだ心の時代であった。

空洞の世代以降もいじめ非行は第2、第3のピークを描き出している。

章の終わりに

寒々とした心に襲われる。どのように「いじめ防止基本条例」を策定しようと、絶対にいじめは起こり続ける。覚悟せねばならない。

これまでのいじめ対策の間違いを描き出すことは、かなりできたと思う。同時にいじめ問題を俯瞰し、今、日本の子どもは「危機の時代に直面」しているという思いを強める。子どもたちは、これほどに「良い子であれ」という軛の中で生きてゆけるものだと驚嘆する。子ども大人の大量生産の時代である。同時に大人子どもが目の前を徘徊している。これは子どもの危機と同時に日本の危機である。

本章では１９８８年頃までのいじめ非行を読み解いた。この後いじめ非行の時代はどのようになって行き、将来はどのような様相を示すこととなるのか。それを著す用意はできているが、本書の記述範囲内ではなかろう。

注

（１）「女高生コンクリート詰め殺人戦慄の現場」『文藝春秋』２０１１年１月号、原資料。

（２）２００４年の静岡県安全委員会における、神奈川中心に走りまわった日本最強といわれた元暴走族総長の表現。

（３）ハングレは、その後も生き延び暴力集団の中核を占めている。２０１２年に生じた六本木のレストラン集団襲撃事件は、その背後に元関東連合暴走族のハングレが絡んでいると見られる（朝日新聞、２０１３年1月11日朝刊）。

（4）判定は4人の専門家により２０１２年に行われたエキスパート・ジャッジによった。4人の内1名は犯罪予防研究者、1名は教育実務経験者、1名は子どもの安全研究者、1名は犯罪学者である。

（5）１９８３年の文部省初等中等教育局長通知「公立の小学校及び中学校における出席停止等の措置について」以降においても、校内暴力からいじめに関わる各種初等中等教育局長通知、総務庁青少年対策本部次長通知、教育審議会答申等が１９９６年までに15本も出された（文部省初等中等教育局中学校課「生徒指導上の諸問題の現状と文部省の施策について」１９９７年）。

（6）たとえば「文京区教育だより」（平成25年1月号）では「いじめは絶対許さない」として「いじめ対策委員会の設置」「各校における研修会の実施」「実態把握のためのアンケート調査実施結果報告」「相談窓口や専門家の周知」の取り組みがなされていると広報している。その欄の隣には「いのちの教育の推進～生命尊重、自尊感情、自己肯定感を高める教育の充実～」が記述されている。疑問に思うことは、自尊感情に裏打ちされた自己肯定感は、ややもすれば「自分は正しい」という感情を生み、結果は「自分はみんなのために、相応《ふさわ》しくない人間を除した」「やったことは、単に口で注意しただけで、たいしたことではない」という中和の理論から「いじめ」を生み出すことにならないか、ということである。それぞれの欄は正しい。しかし全体を見たとき矛盾が生じる。

（7）東京学芸大学学生の卒業論文として、子どもがいじめ状態に陥っていないか判定する診断チェックリストが研究者やカウンセラーの協力の下作成された。チェックリストは、その後現職小学校教師１７６人の参加によって完成した（朝日新聞２０１２年12月11日朝刊）。最終項目総数は１０４項目。その作成努力には敬意を表する。同時に現場教師は、いじめを子どもに絶対させないため１０４もの注視点で子どもを見ているということに驚かされる。項目には「昼休みに1人でご飯を食べる」「いつも本を読んでいる」「筆圧が弱く、弱々しい文字を書くようになる」などが掲げられている。

ファイト！　闘う君の唄を
闘わない奴等が笑うだろう
ファイト！　冷たい水の中を
ふるえながらのぼってゆけ

ファイト！

中島みゆき　作詞作曲「ファイト！」より

第7章　いじめと闘う

深層いじめだけではない。表層、中層いじめの根っこには獣性がある。いじめっ子だけではない。いじめられっ子の心の奥深くに獣性が潜んでいる。いじめられっ子の多くは、今に見ていろと復讐を企んでいるかもしれない。

人の心に棲む獣性をどうにかしなければならない。

獣性操作の策を考えてみよう。

1　規範意識の低下希薄化は神話である

１９８０年代から繰り返しいじめ対策がなされてきた。それでも今なおなぜいじめは繰り返し噴出する。獣心と欲動を抑えきれず３つの防御壁がいじめ心を抑制できずにいる。

■神は死に、ムラは消え、学校は指針を出せず、家族は分解する

いじめっ子のいじめ心をいかにして抑えてゆくか。ただ「いじめるな」と叱るあるいは「いじめちゃダメよ」と諭すだけではいじめをストップさせる効果のないことは誰でも分かっている。しかし現実はそれしか思いつかないことも事実だ。どうするか。

基本的方策として次のことが考えられる

これまでの章で述べてきたように、いじめ心の奥底にある獣心と欲動が発動しないよう２つの防御

壁を活用強化することが考えられる。そのための方策の一つは神や社会的掟・慣習が作り出す第1の防御壁。二つは家族や学校、仲間などとのつながりによる第2の防御壁を再構築することである。

これら防御壁の現実を見てみよう。第1の防御壁を構成する神の摂理やコミュニティの掟からかつてのような拘束力は失われた。世界を支配しようと鉄壁の規律を誇ったキリスト教でさえ根幹から信仰心が揺るぎ始めている。若者たちの神仏離れは著しい。また都市部を中心とするコミュニティからは共に棲まうための掟を定める意味と必要性が失われ、老人の孤立死が世界の東西を問わず深刻な社会問題となりつつある。

獣性を抑える第1防御壁は歴史的素材の劣化にともない崩壊寸前にある。

それでは第2の防御壁である家庭や学校、仲間はどうか。仲間を除き家庭も学校もいじめを止める組織として崩壊とまではいかずともたたらを踏んでいる。家庭の絆や学校で培われる知性や理性は生きるための実学、人生の学でなく、学歴社会を上昇するための手段あるいは資格社会の用具として形式化した。価値多様化の時代にあっては自己肯定感も養いがたい。

獣性を抑える第2の防御壁もその機能を果たせず危機状態にある。

こうした現状から今盛んに唱えられているのが「規範意識の低下希薄化を正し、その強化を図ろう」という声である。

表1　2001年いじめ経験といじめへの態度のクロス表（全体に対する％）

			友達をいじめる			合　計
			したことはない	1・2回ある	無回答	
友達をいじめる	ときにはよい	度数	35	101	0	136
		総和の％	3.8％	11.0％	0.0％	14.8％
	絶対にいけない	度数	522	125	6	653
		総和の％	57.0％	13.6％	0.7％	71.3％
	わからない	度数	63	55	2	120
		総和の％	6.9％	6.0％	0.2％	13.1％
	無回答	度数	3	2	2	7
		総和の％	0.3％	0.2％	0.2％	0.8％
合　計		度数	623	283	10	916
		総和の％	68.0％	30.9％	1.1％	100.0％

■調査数値が示すいじめ規範意識の現実

実際いじめが子どもの間からどの位発生し、それについて子どもたちはどのような感想を抱いているか。少し古いが比較することのできるデータとして1987年と2001年の2時点調査データを取りあげてみよう[1][2]。この調査では、全国13都市の中学二年生を対象に定点調査法で調査した。調査項目中にいじめも入っていた。

最初に2001年データを基に以下のことがいえる（表1）。

① 2001年、過去1年間にいじめ経験を「持ったことのない者」が68パーセントと大多数を占める。

② しかしその一方で、過去1年間にいじめ経験を「持ったことのある者」も31パーセントと3人に1人を占める。

③ 興味深いのは、いじめは「絶対にいけない」

表2　いじめ肯定観の年次変化

			友達をいじめる				合　計
			ときにはよい	絶対にいけない	わからない	無回答	
2001年調査	男	性別の%	14.6%	72.2%	12.8%	0.4%	100.0%
	女	性別の%	15.1%	70.4%	13.4%	1.1%	100.0%
1987年調査	男	性別の%	15.7%	61.4%	22.5%	0.0%	100.0%
	女	性別の%	12.8%	64.7%	22.4%	0.0%	100.0%

と考えながら、いじめを「した経験」を持っている者が全体の14パーセントも占めていることである。いじめは「いけない」と分かりつつ、いじめを行っているのである。

④また、いじめは「ときにはよい」と肯定し、実際にいじめを行っている者も11パーセント存在することが注目される。

⑤つまり、いけないと思うか否かにかかわらず、少年たちの25パーセントがいじめを行っている。

次に1987年と2001年データを比較してみる（表2）。

⑥年を経るごとに、いじめへの態度が明確になっている。「友達をいじめる」ことについて「わからない」という者が減少する一方で、「絶対にいけない」が最近では70パーセント以上を占めて多い。

⑦しかし、「ときにはよい」という「いじめ肯定派」も、どの調査対象年でも10パーセント以上を占めて存在し続けていることに注目しなければならない。

年次を違えてもいじめは起こる。いじめの背後には身勝手ないじめ心、その背後に獣心と欲動が控えている。

いじめは起こるものであると観念せねばならない。しかし観念はいじめの発生を諦め全て受容することではない。獣心と欲動に基づくいじめ心をどう抑制するか、そのための工夫とたゆまぬ抑制努力を払うことが人間として問われる。

現実的いじめ対策を検討する前に一つの神話を打ち壊しておかねばならない。

一つの神話の打ち壊し

確かに行動の善し悪しを測る規範意識は重要な機能をいじめ抑止に果たす。しかし本当に年ごとに規範意識は希薄化し様々な問題行動を押し止める力を持っていないのか。規範意識が希薄化しているためいじめ行動が起こるのか。答えは「ＮＯ」である。

規範意識は希薄化していない。したがっていじめ行動も規範意識の希薄化によるものではない。子どもの間の規範意識は高まりこそすれ、低くはなってはいない[2]。

先の調査データ、１９８７年調査と２００１年調査でいじめを含む26の逸脱行動を「してもよいか、悪いか」の許容度、「実際にやったか、やらなかったか」の体験度を求めた。その結果３つの答えが出された。

① 少年全体として、26の逸脱行動に対し、「してもよい」という者が減少し、逆に「してはいけない」と非許容的な子どもたちが増加している。このことは、１９８７—２００１年の14年間に、子どもたちの間で「規範意識を身につけた者が多くなってきた」ことを表している。

② しかし、その一方で「いけない」行動を、過去1年間に1度でもやったことがあるか」につい

て聞くと、「やったことがある」という行動が多くなっている。すなわち、「してはいけない」と思いながらも「やってしまった」という子どもが多くなっているのである。

③ こうした答えを「いじめ行動」に絞って見てみる。いじめは「してもよい」という子どもが、１９８７年よりも２００１年の方に少なくなった。同時に「やったことがあるか」については31・8パーセントと30・9パーセントとあまり変わらない。

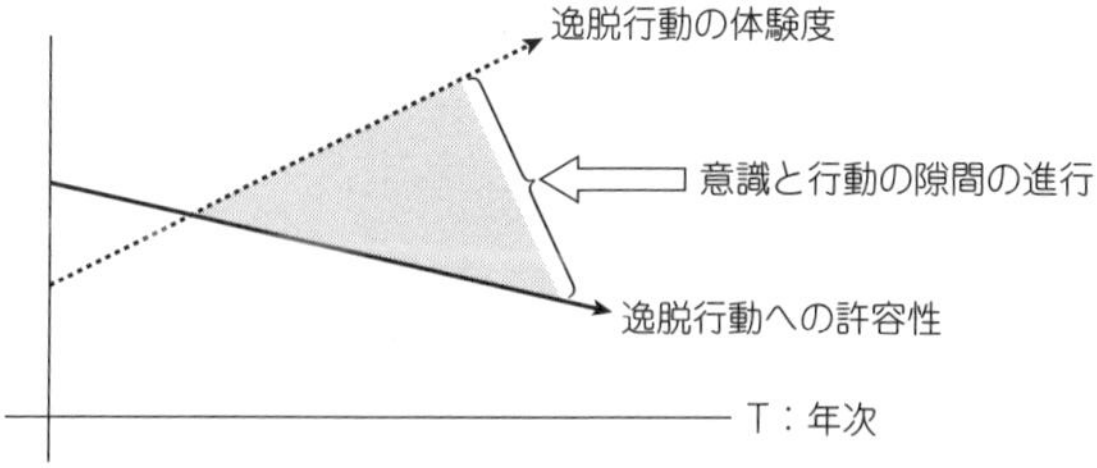

図１　規範意識と行動の乖離

以上の調査結果は、次の重要な診断を導きだす。

逸脱行動を「やってはいけない」という規範意識は全体として高くなっている。しかしその一方で「やってしまった」という体験者の割合は変わらない。ということは意識と行動との間に「隙間・ずれ・乖離」が生じ、その隙間は最近になるほど大きく成りつつあると診断される（図１）。普通の少年と非行少年、いずれのいじめ加害少年も、いじめは悪いと知りながらやっている。

この診断は、子どもにいくら規範意識の希薄化を強調してもいじめを止める規範行動の向上に効果はないこと、意識と行動の隙間、乖離、ずれをいかに埋めるかが強調されなくてはならないことを示している（図

1)。

これまでにこの意識と行動に注目し、両者の隙間・ずれ・乖離を埋める作業が、教育学や心理学等の分野から積極的になされてこなかったことは事実である。乖離そのものをみとめていなかったともいえる。そのことが「いじめは悪い」と知りながら、「いじめ行動」をやってしまった、あるいは「やってしまって」いじめとは何ですか、という状況を作り出したのである。

これまでのように問題行動への対応策として、道徳教育などで希薄化した規範意識をただいかに高めるかという幻影の説を早く振り捨てる必用がある。

2 いじめと闘う

いじめをなくすというのは「心」をいじり、その根底にある獣心と欲動を抑えることである。いじめへの教育的対応を通し「獣を人の間に入れる」ことが目指されねばならない。まかり間違えば人間根源的本質否定＝人間消去につながりかねない。口先だけの生半可な教育では効果はあがらない。大変困難な作業である。

■ いじめ防止策の原理原則―その①―

〈子どもを大人にする〉

世界の教育は今「心と体の健康教育」あるいは「市民化教育」として子どもを健康で望ましい市民として育てようとする努力を始めている。その中でいじめ教育も確実に進化を遂げつつある。

たとえば著者がイギリスの小学校で目にした指導はこうであった[3]。

小学校に入りたての肌の色や生まれた地も異なる複数の男女を教室に入れる。子どもを自由に遊ばせる。教室の中が暗くなる。先生は子どもたちを集め手をつながせ、丸い円を作らせる。しばらくその円で遊ばせる。先生は最後に言う。

「さあみんな手を握っている隣の人はどんなお友だちだろう」。子どもたちは「温かい」「クスクス笑ってる」「震えてる」と様々にいう。電気が灯る。隣は肌の色の違う子ども。普段威張っている子ども。泣き虫の子ども。先生はいう。「ね、みんなお友だちは、みんなと同じように温かいんだ。大切にしようね」。

そしてその後1年が経過した。先生は、同じ子どもたちを集めて聞く。「それジャー、○○君をやーいデブ、チビ、出べそ、泣き虫ってからかってごらん」。

子どもたちは言う。「できない」「いやだ」「先生は嫌い」「酷い」。

先生は言う。「どうして?」。

子どもたちは言う。「だって同じ友だちなんだもの」「温かかった」「そんな酷いこといえない」「人間なんだよ」。

1999年イギリス市民化教育授業風景

先生は言う。「酷い？ じゃあ○○君に、もしそんなこと本当に言われたらどんな気持ちになるか聞いてみよう」。

○○君「みんな裏切り者！ そう言えと先生に言われたとき、僕がどんなに悲しかったか分かるかな。もし本当にみんなが、ふざけてでも、そういったら、僕は家に帰って二度と学校に来ない、みんなも友だちではないと真剣に思った。みんな有り難う。」

先生「そうだね、遊びでもとても本当につらいことなんだ」。「みんな同じなんだ。温かいんだよね。クスクス笑ってたよね。同じ人間なんだ。そんなお友だちを大切にしようね。今日はお勉強はこれまで。みんなで遊ぼう。」

こうした授業がイギリスでは「市民化教育」として行われている。

この市民化教育は、子どもの発達段階に沿いながら「子どもを次代の大人に育てる」ことを目的として行われる。そのことを子どもの体で教える。机に座らせ頭で教えるのではない[4]。最終的には、こうした指導は「安全体験教育施設」での教育となって結実する。

いじめ教育もこうした体験を通し体得してゆく。それによって意識と行動の乖離を塞ぐ教育が進められるのである。

いじめ防止策の原理原則―その②―

子どもを大人にすることに加え、「ちょっと待て」という自制の心が確かにいじめを抑える有効な

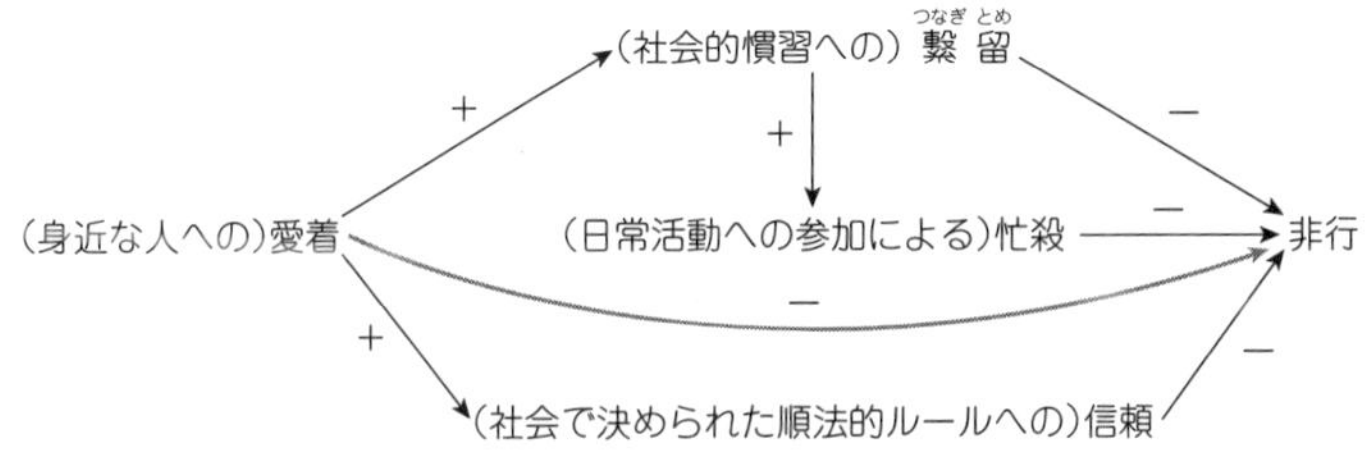

図2　パスモデルによるハーシの社会的コントロール理論の模式図

働きをする。自制心の体得はどうして可能になるか。

自制心の希薄な非行少年の非行化過程について社会的絆の理論（Social Bond Theory）では次のように説明する。[5]

人間は、何らかの社会的絆に結ばれることで悪事に走ろうとする思いがコントロールされる。[6]逆にもしこの力が弱まった、あるいは絆と縁が切れた、絆がもともと存在しないとき、人間は容易に悪事に走る（図2。モデルの線の上の＋−はプラスかマイナスの力を相手に作用することを表す）。モデルは絆による逸脱行動をコントロールするにも様々な絆のあることを示す。どの絆を強調するかは直面した状況ごとに適切な判断が求められる。

絆といえば「家族」という思いこみがある。そういうことはない。どういう絆がどう玉突き状に作用するのか。こうしたことが不明確で解きあかせぬままいたずらに絆々と騒いでいないか。

普通に考えても「悪事に走ろうとする心」をグッと抑える自制心は、確かに有効に作用する。この自制心をいかにして育てるか。

子どもたちの「いじめはしてはならない」という規範意識は高い。しかしいじめは実際には「やられて」いる。このギャップを絆はどう埋めるのか。

結論を簡単に述べておこう。

順法的つまり世の中が真っ当と受け入れる存在を「信頼する」「大切にする」「愛する」「捨てきれない」「失ってはならない」心を育てることである。それは家庭だけでなく学校の先生、友だちや親類・近隣の人たちとの関係であってよい。その場合大切なことは、子どもにこうした心を求めてはならないということである。求める前に与えるということが大切である。子どもたちの心の中に「自分にとって大切な存在」「失ってはならないモノ」という心が育まれ、そして「つながり」ができるのである。こうしたメカニズムは矯正教育の原理原則である。家庭も学校も矯正教育から学ばねばならない。

いじめ防止策の原理原則──その③──

第3の防御壁として生理的に自制心を強化する策があげられる。それは生理的欲求に「待て」を求める教育である。特にこの「生理的な待て」の教育は獣心と欲動をモロ出しにする深層いじめを抑えることに働く。

たとえばその例としてアメリカで行われている「ブーツキャンプ」の矯正教育がある。教育対象少年は全米から選りすぐった悪ガキ中の悪ガキ、非行エリートたちである。

そこでは「何もしない」という教育が「教育」である。

朝起きてから夜寝るまで少年たちは大声を出しながらひたすら歩く。走る。転がる。高い木の上をロープ伝いする。歩く。のぼる。滑る。走る。当然腹が減る。昼食。食堂の前に並ぶ。すぐに食事にありつけるか。そんな柔な教育ではない。

一列に並ばせた子どもたちを鉄棒に飛びつかせ懸垂させながら英語の単語を叫ばせる。「F・O・O・L」「H・O・R・S・E」。彼らの多くはスペルを間違える。なにせ識字率は零に近い。また最初からやり直しだ。全員が間違えずにすむまで待つ。

ようやく全員がパス。お腹は「減ってる」を通り越し絶望と餓死の思いである。そこで食堂に入れるか、というとまたまたSTOP。絶望を通り越し「死なせて下さい」の思い。食堂の前に並ぶ。教官からたっぷり時間を取った服装の点検。靴の磨き方。家族とのやり取り。ズボンのボタンが取れている。友だちとのやり取り。ありとあらゆるチェックがなされる。並んだ列の横は食堂内が見える大きなガラス窓。そこにはチキン半身と湯気のたつポテト。それでも「待て」。繰り返される「待て」。「待て」「待て」「待て」。

1998年アメリカ・ブーツキャンプ

全てすんで教官の「よし」の声。ここで走って入ると、またもう一度となる。整列しながらパンやチキンを取り、食卓で一斉に食事が始まる。早い、早い。すごいスピードで平らげ終わる。満ち足りた笑顔。しかし確実に彼らの体内に「待て」が刷り込まれてゆく。待たなければ「おおきな不利益」が下る。

教官は説明する。

彼らは何ごとも待つということができない。ただやりたいと思ったこと、感じたことを直結してやってしまう。だから非行も犯罪も凄いことを本能のまま感じた通りにやる。彼らに「待つ」ということを体に徹底して染み込ませねばならない。その一番有効な方式は生理的に体に教える。言っても効かない。腹が減る＝食べる、という間に腹が減る＝待つ＝食べるのリズムを作る。お説教してもお勉強させてもどうにもならない。体の中に生理的に「待て」を打ち込む。

　彼らは頭で分かっていても体が、欲しい物は即手に入れろ、という風に動いてしまう。ともかく獣なんだ。

　このキャンプには塀は一切ない。逃げても良い。自由だ。しかしここは深い森の中にある。これまで逃げた者もいた。しかしふもとまで辿り着けなかった。クマに食われた。それでも逃げたい者は逃げろ。クマに食われるか逃げられるか選択は自己責任だ。

　一見「体罰の世界」と映る。しかしこの教育の成果は彼らの犯罪（非行）世界への復帰率が示している。普通の矯正施設の復帰率は40パーセント以上。それに対しここの非行少年の復帰率は50パーセントから60パーセント半ばだ。これは彼らの状態から見ると凄い数字だ（因みに日本では30パーセント強と推測される）。

　アメリカの矯正教育が全てよいというのではない。しかしブーツキャンプの教育は我々が軽んじ場合によっては忘れてきた「待て」ということの重要さを教えてくれる。

　その「待て」という自制心を少年たちの食欲という抗えない本能を使って教え込む。獣心と欲動という本能レベルから発するいじめ心。その果てのいじめ。この流れの中に「いじめを振るうのは待

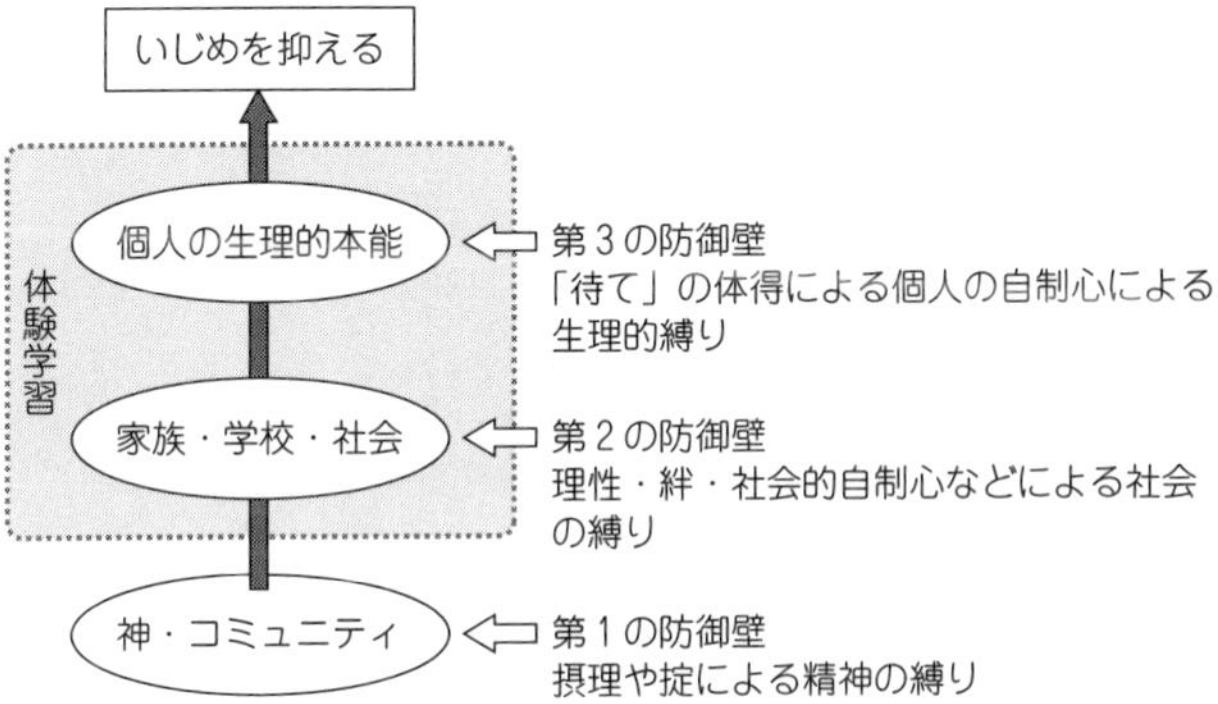

図3　いじめの予防のメカニズム

て」という自制心を生理的本能を使って教え込む。可能ではないか。

理性を作ることに期待するより生理的力に期待する。日本でもこうした教育はこれまで意図せず自然に日々なされている。正確にいえばなされていた、というべきなのかもしれない。それは家族で囲む朝、夕の卓袱台という我が家の教室。

朝、夕の卓袱台では、「お父さん、お母さんがくるまで待つのよ」という自然な「待ての教育光景」があった。そのシーンが高度経済成長以後急速に消えた。

核家族の朝、夕の食卓から仕事一直線の父親がまず消えた。次に共働きの母親が消えた。塾にゆく兄弟姉妹が消えた。最後は一人テーブルに向かう僕が残った。「待て」のない孤食である。

食事だけでない。「待て」の自然な教育は食卓だけではなく他にも数多くなされていた。「アルバイトなどまだ早い待て」「電話で長話など未だ早い待て」「大人になるまで待て」。随分と理不尽な「待て」であった。大人になるのが待ち遠しかった。しかし大人になったときには、「待て」を必用としない個人の欲動中心生活が日常化していた。

「待て」は日常生活で学んだ。逆に日常生活の中で実際に使われるものでないと「待て」は有効ではない。

普通通りの家族としての家庭の光景が営まれればそれで良いのだ。

家庭だけでない。「待て」の教育は学校でも十分行える。「給食はあわてず待て」「授業時間にむやみに便所に立つのは待て」「授業中雑談するのは待て」。

体罰だと保護者や教育関係者など多くの人から間違いなく怒られるかもしれない。「体罰」ではない。躾け教育である。躾け教育は「しつけ」から由来する。しつけとは、その社会固有の文化を身につけさせることである。身につけさせるには生理的に「待て」と教え込む必用も生じるであろう。

体罰と批難する人々に言いたい。それではあなたが1年間子どもと向き合い、いじめ心の発現を止めてみてください、それも中学2年生のいじめ心を。

今どれほどの家庭や学校で子どもに生理的に抵抗することのできない「待ての教育」を行っているであろうか。家庭だけではない。日本全国で本当に必要な「待て」の儀式が行われていないのではないか。

「嫌なこと」「苦痛なことはやらなくともよい」。そういった日本になってしまったと感じる。これではいじめはなくならない。何十年、いじめは絶対起こさないと言い続けられてきたであろう。

3　いじめ教育を組み立てる

いじめの現実に合った教育を

いじめには3層ある。しかし現実になされている教育は「いじめ」という鍵言葉でどの層に対しても同じレベルの教育がなされている。

１９８９年に行った非行少年対象のいじめ調査からは、表層レベルでは本人の努力あるいは先生あるいは保護者の個々の努力があればいじめは止まる、中層レベルでは本人＋保護者あるいは保護者＋先生あるいは本人＋先生の努力、深層レベルでは本人＋保護者＋先生＋外部機関の共同体制が組まれねばいじめは止まらないことが判明している。注目すべきは友人が途中から入ってこないことで、いじめ阻止には友人は期待できないということである。

こうした3層に応じた対応と同時に、少なくとも子どもの生理的、知的情緒的発達段階を踏まえた教育が志されねばならない。

表層いじめの教育

いじめの中で表層と中層のいじめがいじめの9割以上を占める。

ほとんどは幼稚園や保育所そして小学校の先生、学級担任、保護者の介入、友人の仲裁などで解決する。しかし先に述べたように自我＝自分意識の成長が進む表層の後期（8、9歳）の子どもにおいては、いじめに遭ったことを周囲に漏らさない、周囲が積極的に介入することを恥じ、表に出すことを引き留めるなどの行動が生じる。その結果将来にわたり禍根を残すようないじめ問題となる。

表層のいじめには、教室の担任の先生の指導、保護者の注意などによる第2の防御壁が有効に作用する。しかしこの第2の防御壁はいじめ心を抑制する働きをする壁作りである。いじめを生みだす根本の獣性と欲動に注目しながら「人の間に入る」ことのできる成長・成熟した大人となるための基礎教育ではない。ではどういう教育をすればよいのか。そのあらましは、後掲表3にまとめておいた。

私が小学校4年の時。同じクラスのA子さんが中心となった無視をクラスの女の子全員から受けました。話しかけても誰も相手にしてくれず、遊んでもくれない。全くの無視でした。子ども心にも死んだら楽だろうな、と思いました。でも死ななかったのは、死んだら母がどんなに悲しむかと考えたからでした。地獄でした。

私はそのことを両親にも言えず、もちろん先生にも誰にも言えませんでした。

じっと部屋にいたのを覚えています。

しかしそのことは不思議なことに6ヶ月ほど経ってパタッと終わりました。その代わり同じクラスの女の子が同じような目に遭い始めました。その子は私をともかく激しく無視した1人でした。私は「ざまー見ろ」「死ね」と思いました。私は4年生で人を憎むことを覚えたのです。

その後、私は1人の男性と出会い、その男性から愛することを教えてもらいました。今は幸せです。でもあの人を憎むことを覚えた幼い頃のことは、思い出すのも嫌な日々です。20年経った今でも時々夢に出てきます。

中層いじめの教育

表層いじめのほとんどが先生、学級担任、保護者の介入、友人の仲裁などで終わった。しかし中層いじめ期にあっては、子どもたちの自立や自尊感情、見栄、マッチョ志向の高まりなどからいじめに遭ったことを周囲に漏らさなくなる。背負い込む。また耐えるだけでなく攻撃的に反撃復讐し、いじめ加害者と対峙することとなる。特にこの時期に形成される2群の内の非行性を備えた問題グループからいじめ情報が漏れ出てくることは極めて少ない。

そこで中層いじめの指導は二手に分かれる。

一手は、教室の担任の先生の指導、保護者の注意などによる第2の防御壁が非常に有効に作用する。二手は、先生や保護者等は一手のいじめ対応が手に余り無理だと思った場合は、躊躇せず学校管理者や外部機関と連絡を取り対処する決断をすることである。

深層いじめの教育

何度も繰り返し述べるがこの層のいじめがいじめ問題中の最深の問題であり、量は少ないが極めて解決の困難ないじめである。

このいじめは非行と重なっており、周囲への影響にも大きなものがある。外部機関との連絡をしっかり取ること、しかしその一方でいじめに参加する子どもに個別に働きかけることである。それによって深層のいじめ集団を解体することを目指すこと、一人一人の子どもに「見捨ててはいないぞ」のメッセージを与えると同時に再教育を志すべきである。

4 いじめと対峙する先生方へのお願い

いじめと対峙する心得

(1) 子どもの人間関係、特に集団の構成や力関係にいつも目を注いでおくこと。その目は、子どもを監視する目ではなく、見守る目であらねばならない。

(2) いじめの前兆を早期に見つけ出すこと。

いじめは、被害者となる子どものチョットした変化の中に多く見いだすことができる。友人とのつきあい方、教師や親との交わり方、生活態度、時間の使い方、服装、金銭の使用などに兆候を見いだすことができる。しかし、この兆候は極めて微少であり、それを見いだすのが教育の専門家である教師の能力であり、教師の力量が問われるところである。

(3) 常識に囚われないこと。

小学校から中学校にかけて子どもの変化は極めて早く大きい。しかし、多くの場合「子どもはこうだ」という常識化した子ども観（発達の法則）に従って子どもを見る。しかし、常識は死角を生む。このいじめ問題が爆発した現場で多く耳にすることは「まさか、そういえば」という言葉である。この言葉は、まさに常識化した子ども観＝死角が突かれたときに出てくる。子どもを見る目に常識を持ち込まないことが大切である。

(4)　情報を集めきっぱりと決断すること。

自分の中、自分の教室に囲い込まないことでもあるが、いじめへの対応には「自分を越えたきっぱりとした決断」が重要である。いじめへの対応は、流行の「危機管理」に通じる。危機管理の最終場面はスピードをもって決断することである。間違いのない決断は十分に信頼することのできる情報から生まれる。その情報を集め、スクラムを組む周辺の人々と教育的そして人権保護の視点から1つの決断を選び、その決断をきっぱりと実行しようとする意志と手続きが進められねばならない。

(5)　いじめ解決から始まる「いじめ教育プログラム」の基本を表3として載せておこう。このプログラムは、様々な子どもの危機対応教育にも有用である。

(6)　子どもたちに規範に沿った行動を求めるということは自分自身がそのように行動せねばならないということである。時に大人と子どもは違うのだと言いたいときもあるだろう。しかしそこをグッとこらえ大人としてそして子どもとして自分の行動を律しきらねば、いじめと対峙することはできないであろう。

いじめという言葉の使用を最低限にしてもらいたい

本書の中で再三述べたように、言葉「いじめ」は問題の本質を曖昧にし、物事の責任を回避させてしまう可能性が非常に高い。金銭の強要は「いじめ」と表現するよりも「非行・犯罪」と呼んだ方が

表3　いじめ教育プログラム

<table>
<tr><th></th><th colspan="2"></th><th>大　項　目</th><th>小　項　目</th></tr>
<tr><td rowspan="4">表層</td><td colspan="2" rowspan="3">基礎教育プログラム</td><td>人間を知ろう</td><td>その温かさ・冷たさ・笑い・悲しみ・絆の大切さを学ぼう</td></tr>
<tr><td>人間は人間としてお互いに尊ばられねばならないことを知ろう</td><td>人はお互いになぜ大切にされねばならないか，基本的人権の最初を学ぼう</td></tr>
<tr><td>いじめはなぜ起こるか，そのむごさを知ろう</td><td>人の心を無分別に悪意を込めて扱うことのむごさを学ぼう</td></tr>
<tr><td colspan="2" rowspan="2">いじめ安全基礎体力づくりプログラム</td><td rowspan="2">いじめが自分に降りかかってきたとき，どう対峙するかを知ろう</td><td rowspan="2">いじめを感じたとき，どのようにそれと向き合い，闘うかを学ぼう</td></tr>
<tr><td rowspan="2">中層</td></tr>
<tr><td colspan="2">コントロールプログラム</td><td>いじめだけでなく非行や問題行動が起こっているとき，自分や周囲はどの様に行動せねばならないかを知ろう</td><td>大人として振る舞うことで，人間としての権利と義務・罪と罰，自助・共助・公助の働きを学ぼう</td></tr>
<tr><td rowspan="3">深層</td><td rowspan="3">矯正教育プログラム</td><td>想像力強化サブプログラム</td><td>行動することには結果が伴うことを予測し想像する力をつけよう</td><td>こんなことをすれば，こんな罪と罰が待っていることを知ろう</td></tr>
<tr><td>引き剝がしサブプログラム</td><td>深層の小集団から灰色の少年を引き剝がすための特別メニュー</td><td>学校・学級・教育委員会・保護者一体となって取り組む緊急行動</td></tr>
<tr><td>非行行動対応サブプログラム</td><td>深層の黒の少年，限りなく黒に近い少年と対峙する特別メニュー</td><td>外部機関と連絡・調整を図りつつ半ば大人として扱い処理する緊急行動・プリズンとしての教育</td></tr>
</table>

その意味や責任などがはっきりする。

非行は非行、犯罪は犯罪、人権侵害は人権侵害、他者への侮辱は侮辱と明確にするべきである。問題を「いじめ」とする背後には、そう呼びたい子どもと日々向きあう先生達の社会的知識の不足や責任逃れの思いがあるといわれてもしょうがないものがある。

子どもに寄りそう時間を持とう

全ての子どもの全てのいじめを「絶対になくす」ことは、不可能である。それは人間性を否定する思いである。その想いは子どもから子ども時代を奪ってしまい、将来に向けての活力と創造性をつみ取ってしまう。さらにはその絶対させない努力は、子どもを別な問題行動へと向けてしまう危険さへ忍ばせている。

重要なことは注視すべき子どもの日常をきちんと把握することである。それはクラスの中でほんの２、３人にすぎない。場合によっては、別なクラス、別な学年の子どもも絡んでいる可能性がある。だから自分のクラスだけでなく他の学級・学年の子どもにも目を向け、そうした学級や学年の先生とも日常的にタックルを組む体制作りが大切になってくる。いじめ対策に失敗した学校の多くは、この体制が機能していなかった。

ともかく子どもはいじめを働くものである。いじめ問題が起こったときだけ命の大切さを教えるのではなく、社会で生きてゆくためのルールを教えいじめを教えることが大切なのである。

章の終わりに

いじめをさせないために生理的な「待て」の教育が重要と考える。「待て」は第3の防御壁である。

非行少年に有効なこの「待て」は、深層いじめの少年たちにいじめを止めさせる自制心作りに作用すると考えられる。

学校教育現場に「待て」をいかに持ちこむかが工夫されねばならない。

たとえば朝のホームルームの始まりまでには自分の席にきちんと座り先生の来るのを「待つ」。

昼食の時間を長めにとってみんなに行き渡るのを「待つ」。みんなが食べ終わるまで「待つ」。こうした当たり前のことをする。

気をつけねばならない。いじめっ子の抑制ばかりを探してきたが、反対にいじめられっ子の教育も必用なことを指摘しておかねばならない。

いじめのために自死を遂げようとする子どもがいる。数の上では遥かにいじめっ子よりもそうした子どもの方が多い。いじめだけではない。何かにつけ希薄な理由で生きることを中断しようとする子どもが目立つ。自死だけではない。世界は丸く大きいのにもかかわらず、その地球を小さく小さく考え、その小さな地球のさらに小さな極東・日本の中に沈潜し閉じこもろうとする子どもが多勢いる。

その子どもたちをいかに解放的に育て前向きに飛び立たせてゆくか。現代日本の子どもたちに向けたメッセージは数限りなくある。

私たちは皆、助け合いたい。人間とはそういうものだ。私たちは皆、他人の不幸ではなく、お互いの幸福と寄り添って生きたい。私たちは憎み合ったり、見下し合ったりなどしたくないのだ。この世界には、全人類が暮らせるだけの場所があり、大地は豊かで、皆に恵みを与えてくれる。

人生の生き方は自由で美しい。

（チャールズ・チャップリン）

注

（1）清永賢二ほか、科学警察研究所紀要防犯少年部編「社会規範に対する非行少年の意識に関する研究」第29巻1号、科学警察研究所、１９８８年。

（2）清永賢二・榎本和佳・飛施聡子「社会規範に対する少年の態度と意識に関する研究１９８７年調査と２００１年調査の比較分析～」『人間研究』第40号、日本女子大学教育学科の会。

１９８７年調査に関しては、前掲「社会規範に対する非行少年の意識に関する研究」。

（3）１９９９年10月。イギリス・ハットフォードシャ州ハットフィールドの小学校。

（4）清永賢二監修、清永奈穂・田中賢・篠原惇理『犯罪からの子どもの安全を科学する』ミネルヴァ書房、２０１２年。特に清永奈穂の市民化教育紹介の章。

（5）Travis Hirschi, *Causes of Delinquency*, Transaction Pub, 2002. Travis Hirschi & Michael Gottfredson, *A General Theory of Crime*, Stanford University Press, 1990.

（6）西村春夫・菊田幸一編『犯罪・非行と人間関係』評論社、１９８２年。図中の＋－は因子の作用内容。

おわりに

本書において子どもを巡る「いじめ世界」の外形、相貌、骨組みを描き出すことがほぼできた。残されたのは、この全体骨組みの内で力動的に蠢《うごめ》く「人の作用」「やりとり」である。いじめっ子―いじめられっ子、学級の仲間、その周囲の保護者、地域、先生、先生方の組織、教育委員会、文科省、メディア、研究者、大学関係者等。

これらの人々がどのように動き互いに影響し合い、いじめという人間ドラマ、現代の悲劇絵図を描き出すかが紡がなければならない、大きな課題である。

ここで最も触れたくない、しかし、触れておかねばならないことを書かねばならない。大津いじめ自殺事件のネット投稿者へのお願いである。

著者の心の内に事件に関してインターネット上に書き込まれた一部の文章に怒りを込めた大きな失望が生じている（２０１３年３月末）。失望というよりも絶望というべきかも知れない。

投稿者自身はネット空間で安全安心な匿名下にあって、差別と偏見、侮蔑、あざけり。恩師をもおとしめ平然と振る舞い、快を抱く者の侮蔑に満ちた激しい言葉の連なり。偏狭で恥知らずな愛国心。こうしたことこそ間違いなくいじめである。獣であるおそらくこれら投稿者の多くは、自身が過去にいじめにあった経験者が多いのではないか。いじめへの復讐心とそういう言辞をあふれさせることが正義だと思い込みたいのではないか。それとも周囲へ同調しての単なる「ノリ」、あるいは「良い―悪い」を短絡的に考えたいという貧困で幼稚な精神がもたらした結果ではないか。

いじめられた人がいじめ返す。それはまた、いじめ返しを生む。いじめの醜い連鎖に想像が及ばないのではないか。さらには差別がいじめを産みだす、という寂しい構図に思いがいかないのではないだろうか。

著者の愛する故郷日本の風土には、これまで見られなかった「空気」である。怒りを論理にまで練り上げられず、獣と同じ空気を吐き散らす。「下品」である。

私の故郷の行く末が案じられてならない。貧すれども毅然と生き続けたい。闇に紛れ後ろから貧弱な言葉を憶測で投げつける、そんな憐れな人間にはなりたくない。

小著は、書き上げた最初の段階で４００字原稿用紙６００枚以上（写真を含む）あった。それをミネルヴァ書房に渡したところ、とうていこれでは出版不可能であり４００枚ほどに切り詰めてもらいたいとの要望が出された。３分の１以上のカット。頭を抱えてしまった。

著者にとっては、どこをとっても一行一文字に熱い想いがこもった原稿である。切ることはできない。それは我が身を自らえぐり捨てることと同じである。

その時、妻清永朝子が著者のいじめに対する思いを深夜まで聴き取り、その要旨に沿って「情け容赦なくばさばさ」と全体を剝ぎ切り取り、再構成し、再度の書き直しを著者に提案してきた。その提案は、著者の思いをまさに切れ味良いメスで切りさばく思いのものであった。極めて明確な方針の提案であった。最終的には、著者として再度書き直しに取り組むこととなった。しかし切り取られた原稿の中には、幾つもの構想が書き込まれていた。

「依存社会日本の病理」「自由という病」「来日定住第三世代の被差別実態と逸脱行動の誕生」「愛の軛」「優しさと憎しみの非行学」「心理学は子ども世界に何をもたらしたか」等々。

おそらく切り捨てられたこれらの原稿が世の中に出ることはない。しかし困り果て頭を抱え絶望にひしがれた著者の前に、一冊の出版物となり得る可能性を持った「情け容赦のない構成案」が並べられた時の喜びに比べれば何ほどのこともない。そういう意味で小著は妻朝子とのまさしく共著である。

小著を書き上げるに際しても直接——間接、近く——遠くで多くの方々の温かい励ましがあった。

愛知県警察本部から春日井市市民安全課に出向された初代の本田照清さん、川井信夫さん、渡邊太計志さん、小野誠さん、三ツ井健幸さん、大崎逸朗さん、吉岡利高さん、日名地敬子さん、滝川広行さん、現在の蒔田健吉さん。

中島みゆきさんの「ファイト!」の詞を丁寧に紹介して下さった朝日新聞社会部記者石橋英昭さん。

常に変わらぬ笑顔で励ましてくれている学友真鍋博さん、藤本博明さん、藤本（渡部）栄子さん、萩原（村上）恭子さん、上本昌幸さん、松井美知子さん。

遠く離れてはいるが心は近い畑村小枝さん、久恒和孝さん、土岐美年さん。

忍耐強く原稿の仕上がりを待ってくださったミネルヴァ書房の浅井久仁人さん。

そして著者に広い世界のあることを深い眼差しと知性で教えて下さったＨ・ジョン＆Ｓ・ジャッキイ＝オンスロウご夫妻。

私にもうほんの少しの一歩があったらばと毎日思わせ続けてくれているみなさん本当に有り難うございました。力不足の小著ですが最大の感謝の想いを込めてみなさんに捧げます。

ナ　行

ハ　行

マ　行

ヤ・ラ行

サ　行

タ　行

索　引

ア　行

カ　行

〈著者紹介〉

清永賢二（きよなが けんじ）

1943年生まれ。東京学芸大学大学院修士課程修了

警察庁科学警察研究所防犯少年部環境研究室長及び初代犯罪予防研究室長を歴任。その間に警察大学校，最高裁判所調査官研修所等で講師。日本女子大学教授，日本女子大学市民安全学研究センター長，日本女子大学客員教授を経て現在(株)ステップ総合研究所特別顧問。この間に東京大学客員教授，ロンドン大学客員研究員，安全なまちづくり内閣総理大臣賞選考委員等を歴任

主な著書

『都市と犯罪』（共著，東洋経済新報社），『大地震にあった子どもたち』（共著，日本放送協会出版），『いじめ——教室の病』（共著，金子書房），『漂流する少年たち』（単著，恒星社厚生閣），『現代の教育第４巻　いじめと不登校』（共著，岩波書店），『逸脱の社会学』（共著，放送大学教育振興会），『少年非行の世界』（編著，有斐閣），『世界のいじめ』（編著，信山社），『防犯先生の安全教育マニュアル』（単著，東洋経済新報社），『防犯環境設計の基礎』（監修執筆，彰国社），『大泥棒』（単著，東洋経済新報社），『犯罪者はどこに目をつけているか』（共著，新潮社）ほか。

いじめの深層を科学する

2013年8月30日　初版第1刷発行　〈検印省略〉

定価はカバーに
表示しています

著　者　清　永　賢　二
発行者　杉　田　啓　三
印刷者　中　村　知　史

発行所　株式会社　ミネルヴァ書房

607-8494 京都市山科区日ノ岡堤谷町1
電話代表　(075)581-5191
振替口座　01020-0-8076

中村印刷・藤沢製本

ISBN978-4-623-06724-4

Printed in Japan